QUE SAIS-JE ?

Histoire de l'Irlande

RENÉ FRÉCHET
Professeur à la Sorbonne Nouvelle

Septième édition

41e mille

DU MÊME AUTEUR

George Borrow (1803-1881), vagabond polyglotte, agent biblique, écrivain, Didier, 1956.

George BORROW, *La Bible en Espagne*, traduction et présentation (Préface du recteur Jean SARRAILH), La Palatine, 1967.

W. B. YEATS, *Choix de poèmes*, 2e éd. augmentée, Aubier, 1990.

Ian Paisley et l'Irlande du Nord, *Tréma*, U.E.R. des pays anglophones, Publications de la Sorbonne Nouvelle, 1985.

Synge et l'Irlande : un besoin d'humanité, dans *Mythe et folklore celtiques et leurs expressions littéraires en Irlande*, textes réunis par R. Alluin et B. Escarbelt, *Etudes irlandaises*, Université de Lille III, 1988.

ISBN 2 13 044436 9

Dépôt légal — 1re édition : 1970
7e édition : 1995, février

108, boulevard Saint-Germain, 75006 Paris

INTRODUCTION

> « *Je suis d'Irlande,*
> *Sainte Terre d'Irlande,*
> *Et le temps presse.*
> *Venez par charité*
> *Danser avec moi en Irlande.* »
>
> W. B. Yeats.

« Il n'y a pas plus de race irlandaise qu'il n'y a de race anglaise ou de race yankee : l'Irlande, c'est d'abord un climat. » Ainsi s'exprime Bernard Shaw dans l'Introduction à *L'autre île de John Bull.* Les historiens d'aujourd'hui sont assez de cet avis. De fait, quand on a vu l'enveloppe de nuages mouvants de l'Irlande, son herbe luxuriante sans cesse rafraîchie par les ondées, ses moissons qui, dans ses aoûts humides, parviennent difficilement à maturité ; quand, à l'ouest, on a vu ses fermiers rester dans leurs prés à défaire et refaire leurs meules selon le passage des rayons de soleil et des averses, on ne peut plus oublier ces images. Un climat humide, tempéré ; un air sans cesse en mouvement.

Mais l'Irlande est aussi une terre, une île, d'une grande unité, éloignée du continent, mais de tous côtés accessible, au relief troublé par l'érosion et les dépôts glaciaires ; une île qui n'a pas de centre, faite à la fois pour ensorceler et déconcerter. Ses montagnes sont plus arrosées que ses régions plus basses, mais ne sont nulle part assez élevées pour constituer de véritable barrière. Disposées sur la périphérie, elles culminent dans le Sud-Ouest, au Carrantuohill, à 1 040 mètres. C'est peu, mais, partant presque du niveau de la mer, ces montagnes ne manquent pas de majesté.

En bien des points, la côte est rocheuse ; mais presque partout estuaires et rias offrent un accès facile.

A l'intérieur, pas de structure de relief bien nette : la glaciation a raboté de vastes étendues, et les a semées de milliers de drumlins, qui ont troublé l'écoulement des eaux ; celles-ci stagnent dans des tourbières, dans des lacs ; les rivières cheminent lentement, traversent tous ces lacs, et ne s'animent guère qu'à l'ouest, aux abords de la côte.

Par endroits, comme en Kildare, en Limerick, en Tipperary, la terre est riche ; ailleurs l'humus est si mince et si rare que l'homme qui passe à pied se sent comme dépouillé, au contact des seuls éléments : le roc, l'eau et le vent. Mais il est peu de paysages où quelque tache verte ne relève les gris infiniment variés des roches nues, des nuages qui déversent leurs pluies et de leurs reflets dans les eaux dormantes ; il est rare qu'entre ces nuages qui courent vers l'est ne s'allume soudain quelque rayon fluide.

Si les vents, les eaux, les mers, attiédies par le Gulf Stream, lui donnent une vie mystérieuse, si son relief même déconcerte, aucune magie, cependant, ne peut la dissocier de l'Europe et des Iles Britanniques. L'examen des cartes physique et géologique rend sensible aux attaches, sinon aux servitudes de l'Irlande. On dirait qu'elle se tourne vers l'île sœur. Elles reposent l'une et l'autre sur un socle qui émergeait autrefois. Le nord de l'Irlande et le Leinster sont dominés comme l'Ecosse et la Norvège par le plissement calédonien, de direction sud-ouest-nord-est, tandis que les montagnes du sud appartiennent, comme les hauteurs de la Cornouaille et du Devon, à la zone hercynienne. Les mêmes roches se retrouvent des deux côtés de la mer d'Irlande et du canal Saint-Georges : roches métamorphiques précambriennes ; granites ; vieux grès rouges, etc. De bonne heure, les hommes ont été frappés par certaines de ces affinités, et l'on n'est pas surpris de voir des légendes gaéliques associer les basaltes de la chaussée des Géants et ceux de la caverne de Fingal. Cependant deux choses, surtout, ont différencié les deux îles : d'abord l'absence de massifs comparables aux Highlands, à la chaîne pennine ou aux monts cambriens, assure à l'Irlande un climat beaucoup plus égal, aux précipitations abondantes mais régulières ; d'autre part, le charbon lui manque presque totalement. Dira-t-on que ces îles sont apparentées et complémentaires ? Tacite écrivait que l'Irlande pouvait servir de réserve et de magasin à la Grande Bretagne, la Gaule et l'Espagne. C'était une vue pratique de Latin. Mais l'Irlande a beau être proche de la Grande-Bretagne, de la France et de l'Espagne, elle est d'abord adossée au grand mystère atlantique, cinglée dans toute sa largeur par « le vent jailli de l'océan qui nivelle gerbiers et toitures » (Yeats), ou soudain enveloppée d'ouest en est par un voile mouvant traversé de lueurs incertaines.

Qu'est-ce encore que l'Irlande ? Une patrie ? Une nation ? C'est là qu'il y a problème. Dans le nord-est de l'île vivent un million de protestants, qui aiment l'Irlande, et surtout, maintenant, l'Ulster, comme leur pays, et qui se disent volontiers irlandais, mais à qui la république d'Irlande est tout à fait étrangère telle qu'elle s'est définie elle-même, et qui ne se reconnaissent donc pas plus comme Irlandais que comme Anglais ou Ecossais (1). L'histoire les a laissés en suspens. A côté d'eux vivent plus d'un demi-million de catholiques, qui n'ont aucune raison de ne pas dire qu'ils appartiennent à la nation irlandaise, quel que soit leur sentiment à l'égard de la province de l'Irlande du Nord, ou du Royaume-Uni. N'y a-t-il choix qu'entre deux oppressions : celle de la minorité catholique dans une Irlande du Nord protestante, ou celle de la minorité protestante dans une Irlande unifiée catholique ? Autrement dit, s'agit-il d'un simple rapport de forces, qui se décidera selon que la Grande-Bretagne estimera de son intérêt de pencher d'un côté ou de l'autre ? On peut espérer autre chose : une rencontre où les parties définiraient ensemble les droits de l'homme et en tireraient les conséquences pratiques. C'est de cela que pourrait sortir une vraie nation, vivante et fidèle à ses éléments. En Irlande comme ailleurs, ceux qui travaillent le plus à de telles rencontres entre communautés ou groupes sociaux occupent rarement le devant de la scène. D'une nation à l'autre se donneront-ils la main ? Les nations sont aussi vivantes que jamais, ne serait-ce qu'en espérance ; mais elles sont plus interdépendantes que jamais : leur sort est lié à celui de l'humanité.

(1) La distinction entre *Irish* adjectif et *the Irish* employé collectivement pour désigner les Irlandais catholiques remonte haut. Ainsi, en 1691, le doyen de Saint-Patrick de Dublin, William King, écrivait que « les Irlandais *(the Irish)* n'ont à s'en prendre qu'à eux-mêmes pour tout ce qu'ils ont à subir ».

Fig. 1. — L'Irlande d'aujourd'hui :
la République d'Irlande, l'Irlande du Nord
et leurs comtés

Chapitre Premier

L'IRLANDE GAÈLE

I. — Les origines

Il semble résulter des découvertes archéologiques des cinquante dernières années que, vers 7500 avant Jésus-Christ, après la dernière période glaciaire, des hommes s'installèrent dans l'île, au bord de la mer, des lacs et des rivières. L'Irlande se couvrit de forêts ; de leurs débris naquirent des tourbières ; alors d'autres hommes, appartenant à la civilisation néolithique, dressèrent des mégalithes. La disposition précise par rapport aux rayons du soleil des chambres funéraires de New Grange est pleine de symboles, comme les spirales de la pierre du seuil.

Puis vint l'âge du bronze, auquel appartinrent les *Pritani* ou *Cruithni*. Pendant cette période, de climat humide, les tourbières prirent leur extension définitive. La principale richesse du pays était déjà ses troupeaux de bovins. Cependant, grâce au cuivre du Cork et du Waterford et à l'or des monts Wicklow, grâce aussi à l'habileté et au talent d'artisans et d'artistes restés en contact avec l'art mégalithique, l'Irlande entra en relations commerciales avec le monde occidental. Malgré les obscurités dues au refus de toute écriture pratique, les transcriptions tardives faites à partir de l'arrivée des premiers évangélistes porteurs du latin, de récits épiques datant des premiers siècles de notre ère, montrent que l'Irlande du Nord-Est, habitée, comme l'Ecosse qui lui fait face, par une population préceltique, était déjà très différente du reste de l'île.

Concernant l'arrivée, vers le IVe siècle avant Jésus-Christ, des premières populations dites celtiques, on est encore bien incertain. Parmi les hommes dits Celtes, il y avait des types humains différents, certains étant grands et blonds, d'autres plus petits et bruns.

On admet généralement que les derniers envahisseurs celtes, les Gaëls, venant de Gaule, atteignirent l'Irlande au cours du Ier siècle avant Jésus-Christ. Ils mirent plus de cinq siècles à conquérir tout le pays, imposant peu à peu leur langue et leur conception du droit, et ajoutant leurs dieux aux dieux antérieurs.

On sait encore fort peu de choses des Gaëls, et il y a lieu de penser qu'ils reprirent à leur compte des techniques, des coutumes et des cultes qui les avaient précédés : la petitesse des exploitations agricoles, la dispersion de l'habitat semblent avoir été des caractéristiques irlandaises prégaéliques. Dans l'Irlande gaële, la cellule sociale était la *fine* ou famille au sens large : toutes les personnes apparentées du côté paternel dans la limite de cinq générations. C'était cette famille qui possédait la terre, mais celle-ci était divisée en exploitations individuelles. La cellule politique était un petit royaume, le *tuath*, dont la population se divisait en classes rigoureusement stratifiées : plusieurs catégories de serfs, descendants des populations prégaéliques ; les hommes libres ; les nobles, auxquels les druides et autres savants étaient assimilés ; et le roi, en principe élu parmi les membres d'une famille régnante. L'absence d'une règle de succession automatique provoquait bien des conflits, qu'on essayait généralement d'éviter en élisant l'héritier présomptif du vivant du roi. On comprend que les familles nobles se soient toutes préoccupées de faire établir ces généalogies qui constituent une partie importante de l'ancienne littérature gaélique. Le pays comptait une centaine de *tuatha*, regroupés, au début de l'histoire (Ve siècle), en sept royaumes provinciaux. A partir de ce même siècle, semble-t-il (1), le roi de Tara (2) prétendit au titre d'*ard ri* ou roi suprême, sans avoir guère plus qu'une autorité nominale en dehors de son royaume propre.

La religion ne se laisse guère deviner car la transcription des écrits épiques primitifs par les évangélistes qui apportèrent le latin et l'écriture au IVe siècle fut soumise à la censure chrétienne. L'Irlande gaélique avait une unité culturelle et religieuse très forte ; une opinion publique homogène imposait l'application des règles juridiques et pénales, fondées sur le principe de la compensation en nature, qu'édictaient et interprétaient des *Brehons* dépourvus de tout pouvoir exécutif. Les Irlandais adoraient la terre et avaient pour des rivières, des sources, des arbres sacrés une vénération dont le souvenir subsiste. Les fonctions religieuse, guerrière, et paysanne relevaient d'une autorité transcendante : les Gaëls se sentaient appartenir à un monde distinct de celui des dieux, et s'attendaient toujours au merveilleux.

Ils ne surent pas donner à l'île qu'ils avaient conquise une forte organisation politique. Non seulement l'Irlande n'avait pas de capitale, mais elle n'avait pas même de ville. Dans les premiers siècles de notre ère, le pays fut le théâtre de guerres, commençant par des razzias de ces troupeaux qui faisaient la richesse d'une famille ou d'un *tuath*. Une longue rivalité entre le royaume de Connacht et celui des Ulaid, du nord-est, aboutit vers 450 à la destruction de la capitale des Ulaid, Emain Macha, qui

(1) Il faut faire une confiance très limitée aux sagas, qui ne furent d'ailleurs notées par écrit qu'après des siècles de transmission orale.

(2) Tara se trouve à une trentaine de kilomètres au nord-ouest de Dublin. On n'y remarque guère que quelques terrassements anciens, mais c'est un site de fouilles intéressantes.

n'était sans doute qu'une sorte de hameau entourant la villa du roi. Alors le pays devint plus calme, et son agriculture se développa.

C'est un extraordinaire hasard que, malgré ses divisions intestines, l'Irlande ait échappé à l'occupation romaine. A la différence de la Grande-Bretagne comme de la France, elle n'a pas été marquée par l'esprit organisateur, logique et pratique des Latins, et cela se sent encore. Les Irlandais se disent volontiers plus réalistes que les Anglais : effectivement, ils voient les choses de ce monde telles qu'elles sont ; mais leur vision familière d'un autre monde n'en est nullement affectée.

Sans doute, des objets romains ou britto-romains pénétrèrent-ils en Erin : on en a trouvé, non loin de Dublin. Mais l'influence civilisatrice des contacts que les Irlandais durent avoir avec les Romains ou avec des habitants romanisés de la grande île voisine semble avoir été très limitée. Le plus étonnant, et sans doute le plus significatif à cet égard, c'est le refus irlandais de l'écriture latine. Les Irlandais n'étaient pas des primitifs ; ils avaient déjà une langue unifiée et pleine de finesse. Peut-être leurs druides et leurs *filid* (poètes) sentirent-ils dans des écrits figés un danger spirituel.

II. — L'Irlande chrétienne

A partir du IVe siècle, les Irlandais, connus des Romains et du monde romanisé sous le nom de *Scotti*, lancèrent des attaques contre la Bretagne romaine. Rome, menacée dans le reste de son empire par les premières invasions barbares, ne put réagir. D'une de ces attaques fut ramené comme esclave un adolescent chrétien, citoyen romain, qui devait devenir saint Patrick, patron de l'Irlande. Pendant six ans, il garda les moutons en Antrim, puis il réussit à s'échapper. Ayant, dans une vision, entendu des Irlandais le rappeler, il alla étudier en Gaule, sous la direction de saint Germain d'Auxerre, et retourna en Irlande en 432 comme évêque. S'adressant directement aux rois, qui étaient comme la personnification sacrée de leur peuple, il réussit, malgré l'opposition des druidés, à en convertir plusieurs et, avec eux, tout leur *tuath* ou royaume ; en 445, il aurait fondé, près d'Emain Macha, l'église d'Armagh, qui devait devenir la capitale religieuse de l'Irlande.

Voilà du moins ce que dit la tradition, dont les historiens pensent qu'elle a un fondement de vérité. Celle-ci a été mise en question : on est allé jusqu'à douter de l'existence du saint, ou à dire qu'il y avait eu deux Patrick. Il est vrai que les manuscrits qui rapportent ces faits leur sont très postérieurs.

On s'est souvent émerveillé de la facilité avec laquelle l'Irlande embrassa le christianisme. Pourtant la tradition place en 544 seulement, soit plus d'un siècle après l'arrivée de Patrick, l'avènement du premier *ardri* ou roi suprême chrétien, et, en 565, la malédiction par saint Ruadan de la capitale païenne de Tara et la fin de la société païenne.

Le christianisme irlandais respecta ou s'appropria beaucoup d'éléments de l'ordre ancien. Parlant de sainte Brigitte, patronne de l'Irlande, A. Rivoallan écrit : « Devant la quasi-similitude de son nom avec celui de Bridé, ornement féminin du panthéon gaélique, est-il interdit de voir en la sainte nationale la continuation de la déesse païenne ? » Si Tara fut maudite et détruite, si les druides disparurent ou perdirent leur fonction religieuse, combien de fois des églises prirent la place de sanctuaires païens, datant souvent de la civilisation mégalithique ! Qui dira l'origine du pèlerinage annuel qui consiste dans l'ascension de la montagne de Croagh Patrick, celle des centaines de « fontaines aux saints » ? Bède le Vénérable, qui écrivait au début du VIIIe siècle, dit que les évangélisateurs de l'Irlande permettaient aux fidèles de continuer à immoler des bœufs aux dates traditionnelles, à condition d'observer la nouvelle consécration des fêtes et des lieux. La foi en la transcendance pouvait s'ouvrir à la foi en l'incarnation chrétienne.

Aux attaques irlandaises contre la Bretagne romaine, la vocation et la mission de Patrick étaient une extraordinaire riposte. Elles tendaient à intégrer l'Irlande dans un monde chrétien civilisé. Mais ce monde allait disparaître pour longtemps. L'invasion de la même Bretagne par les Angles et les Saxons, l'invasion de l'Empire par les Barbares eurent pour effet indirect de couper les amarres de l'Irlande, et de lui permettre de devenir un lointain foyer de civilisation et le point de départ d'une reconquête spirituelle. Pendant tous les ve et vi^e^ siècles, sur la Bretagne, abandonnée par les légions, déferla une vague furieuse, qui, finalement, ne laissa debout, en face de l'Irlande, que les réduits celtiques de Strathclyde, du Pays de Galles et de Cornouaille. L'Irlande, après avoir échappé à l'occupation romaine, échappa aussi, comme écrit Françoise Henry, « aux effets catastrophiques, certes, mais souvent vivifiants, de l'ouragan germanique ».

La conquête progressive de l'Irlande par le christianisme laissa intacte l'armature de la société irlandaise, ses écoles, bardiques et juridiques, et sa division en classes hiérarchisées ; mais les druides perdirent peu à peu leur pouvoir religieux. L'église devint le centre principal de la vie intellectuelle et artistique, bouleversée par l'introduction conjointe du latin et de l'écriture. Le gaélique et le latin paraissaient, à première vue, tout à fait étrangers l'un à l'autre : la distance même qui les séparait, comme la concurrence qui semble avoir joué entre les écoles religieuses et les écoles bardiques, contribua sans doute à la préservation de ces deux langues dans un grand état de pureté, à la différence de ce qui se passait dans le reste de l'Occident. Quant à l'écriture, si elle ne fut utilisée pendant assez longtemps sans doute que dans le monde ecclésiastique, elle ne tarda pas à se mettre, pour une part, au service de la langue et de la tradition gaéliques : dès la fin du VIe siècle, des gloses en gaélique paraissent dans la marge de manuscrits de textes sacrés copiés par des scribes des monastères ; dès le VIIIe siècle et peut-être plus tôt, on écrivait des sermons en gaélique.

Le thème, mainte fois repris dans de vieux textes, d'une vive discussion opposant Patrick et le poète païen Usheen (Ossian) témoigne que les deux mondes ainsi représentés ne faisaient pas toujours bon ménage ; et l'on sait que les poètes gaéliques provoquaient souvent autant de colère que d'admiration, puisqu'ils n'hésitaient pas à pratiquer auprès de leurs patrons éventuels le chantage à la louange ou à l'injure. Il n'en reste pas moins que la tradition gaélique païenne et la tradition latine chrétienne se rejoignirent et s'entrepénétrèrent. La chose est particulièrement frappante dans les enluminures, où de multiples spirales commencèrent à envelopper les majuscules, et à fleurir dans les espaces décorés, à côté de motifs nouveaux, tels le pointillé et l'entrelacs. A la différence des enlumineurs, qui appartenaient tous aux monastères, les orfèvres pouvaient sans doute appartenir au monde séculier ; mais eux aussi travaillaient pour les monastères et les églises, fabriquant, à côté d'épingles, attaches ou agrafes et objets domestiques divers, des calices, ciboires ou reliquaires, où la croix s'ajoute au répertoire d'ornements curvilignes préchrétiens. Dans le monde de la musique aussi se fit sans doute une conjonction semblable.

Patrick avait constitué les royaumes en diocèses, et y avait nommé des évêques; peu à peu, après sa mort, à cette organisation trop rigide, trop centralisée, trop latine, les Irlandais ajoutèrent, et substituèrent presque, un réseau de monastères, dont la direction appartenait à des familles nobles, selon un principe de succession semblable à celui des rois. Ces monastères ne ressemblaient guère aux grands monastères continentaux du Moyen Age ; leurs moines avaient pour cellules des huttes individuelles de bois ou de roseau en forme de ruche. Offices, prières, macérations, étude et travail manuel remplissaient leurs journées. Ils étudiaient surtout les Ecritures, mais aussi les classiques latins, et entretenaient des relations avec le reste du monde chrétien. Une des activités originales des monastères irlandais fut la composition de « pénitentiels », manuels systématiques pour la répression des péchés, dont le premier en date est probablement de la première moitié du VIe siècle. Ces pénitentiels, qui, à bien des égards, font suite aux traités des *brehons*, portent témoignage d'une police ecclésiastique vigoureuse et d'une grande intransigeance doctrinale.

Souvent un ou plusieurs anachorètes vivaient à l'écart sur le territoire des monastères ; dans bien des cas, l'emplacement de ceux-ci indique par lui-même une recherche de la solitude devant les éléments et une volonté d'ascétisme. Des moines allèrent se percher au-dessus même des brisants de l'Atlantique sur l'âpre rocher de Skellig Michael.

Ces images de dépouillement font un étonnant contraste avec l'impression que donnent par ailleurs les monastères de refléter l'organisation des *tuatha*. Pareil contraste éclate en la personne même du premier saint originaire d'Irlande, Colomba, ou Columbkille. En 563, il quittait l'Irlande pour aller fonder dans la petite île d'Iona, toute proche de la « Calédonie » — l'Ecosse d'aujourd'hui —, un monastère d'où l'évangélisation de celle-ci allait partir. Ce monastère allait, pendant des siècles, rester presque farouchement irlandais. De l'Irlande, Colomba n'aimait pas seulement la piété ; il aimait aussi sa musique, sa parole et sa poésie, qui, elles, ne devaient rien à Rome : vers 574, il vint à la Convention de Druim Ceatt défendre victorieusement la cause des poètes menacés de bannissement. Une génération plus tard, Colomban partait à son tour ; il traversait la Gaule, passait en Suisse, et achevait sa course dans les Apennins, après avoir fondé plusieurs monastères, dont deux, Luxeuil et Bobbio, prirent rang parmi les centres les plus importants de la culture du haut Moyen Age. Mais, si loin qu'il pût aller, il restait fier de son origine : « Pour nous autres Irlandais, s'écriait-il, ce n'est pas le rang d'un homme qui compte : ce sont ses principes. » Pour eux, pour tous les missionnaires de ce pays qui n'avait pas connu de persécution, quitter l'Irlande était vraiment ce qu'un sermon du VIIIe siècle en irlandais appelait le « martyre blanc ». La *Vie de saint Colomba* la plus connue commence par ces mots de l'Eternel à Abram : « Va t'en de ton pays, de ta patrie et de la maison de ton père, dans le pays que je te montrerai » ; et ce que nous appelons mission y est présenté, non pas du tout à la façon de la réponse de Patrick à l'appel des Irlandais, mais comme un renoncement, un dépouillement, en réponse à une promesse divine.

Impossible de dire combien de moines comptait l'Irlande, ou quelle proportion de sa population ils constituaient. De toute façon, leur nombre était considérable, comme fut considérable le nombre de leurs fondations, tant en Irlande qu'à l'étranger. Citons quelques-uns de leurs centres principaux, avec, pour les plus connus, le nom de leur fondateur et la date, souvent approximative, de leur fondation. En Irlande même, d'abord : monastère d'Aranmor (Enda, fin ve s.) ; Clonard (Finnian, 520) ; Derry (Colomba, 546) ; Clonmacnoise (548) ; Bangor, d'où devait partir Colomban (555) ; Kells (556) ; Lismore (635). Comme missionnaires sur le continent, avec Colomban, fondateur de Luxeuil en 590, puis de Bobbio en 612, citons Fiacre et Fursy, et deux saints qui subirent le « martyre rouge », Gobain et Kilian. En Grande-Bretagne, après Iona, la grande fondation de Colomba, citons simplement sa fille, Lindisfarne, fondée par Aidan en 635 dans un îlot rocheux, à l'est. Ce ne sont là que quelques noms. D'autres moines encore œuvrèrent dans les îles Féroé, en Islande, peut-être au Groenland.

Parler de l'Irlande aux VIe, VIIe et VIIIe siècles, c'est surtout parler de l'église irlandaise, de ses saints et de ses savants, et parler de la culture et de l'art irlandais. Cette église fervente, rigoureuse, ascétique, missionnaire et savante, devint peu à peu puissante et riche. Pendant un siècle et demi, elle fut le foyer des chrétientés celtiques. Dans ses écoles, devenues des « cités monastiques (...), en fait de petites universités », dit Françoise Henry, elle reçut et forma les élèves que lui envoyaient ses missionnaires. C'est ainsi que, dans sa jeunesse, le roi des Francs Dagobert le Jeune passa des années à Slane, près de Tara. Un siècle et demi plus tard, le savant Alcuin fut formé à la célèbre école monastique de Clonmacnoise. Chargé à son tour d'une œuvre scolaire par Charlemagne, il exprima sa reconnaissance à ses maîtres en envoyant aux évêques irlandais de l'huile d'olive, avec un don d'argent complété par l'empereur lui-même. Mais si la « Renaissance carolingienne » dut beaucoup à l' « Ile des saints et des savants », ceux-ci restèrent profondément attachés à leurs vieilles traditions nationales, et se mirent même à transcrire les légendes et sagas gaéliques en s'efforçant de leur donner un vernis chrétien.

Les moines irlandais furent tout surpris lorsque, rencontrant au cœur de l'Angleterre la progression vers le nord du mouvement évangélisateur qui avait suivi l'envoi d'Augustin par Rome et son débarquement en 597 sur les côtes de Kent, ils s'aperçurent de leurs propres particularités : leur tonsure « en hache », leur datation de Pâques. Nous avons peine à comprendre aujourd'hui l'importance qui fut donnée à ces problèmes.

En fait, ce qui distinguait plus profondément l'église irlandaise, c'était le rôle qu'y jouait le monachisme : il est significatif que, dès avant la fin du Ve siècle, les successeurs de Patrick dans son église d'Armagh aient été abbés en même temps qu'évêques, et que, finalement, au VIIIe siècle, ces abbés aient cessé d'être évêques, pour avoir auprès d'eux comme évêque un membre subordonné de leur communauté. Néanmoins, sur le continent et en Grande-Bretagne, dès la fin du VIIe siècle, les monastères fondés par des Irlandais cessèrent de contrôler les circonscriptions religieuses, et la règle de saint Benoît vint tempérer et compléter la discipline de Colomban. Cependant, si l'Eglise irlandaise conserva encore chez elle ses particularités les plus frappantes, jamais elle ne songea à se séparer du reste de la chrétienté ; comme l'écrivait Colomban : « Nous autres Irlandais, bien que nous vivions à la limite du monde, nous sommes disciples de saint Pierre et de saint Paul, et il n'y a jamais eu d'hérétique ou de schismatique parmi nous. »

Quant à l'art de ces VIe, VIIe et VIIIe siècles, les précieux débris qui en subsistent témoignent à la fois d'une extrême fidélité dans la démarche de l'esprit et le jeu de l'imagination, d'une souplesse, d'une ingéniosité, d'une subtilité extraordinaires dans le traitement et l'organisation des motifs, comme aussi de la capacité d'assimiler, sinon l'esprit d'un art étranger, du moins certains de ses thèmes ou motifs. Dans cette période, les églises se recouvrirent intérieurement d'une décoration multicolore éclatante. Au VIIIe siècle se multiplièrent les grandes croix modelées en ronde bosse, décorées de scènes bibliques, leurs bras pris dans un cercle. Sur les enluminures et les pièces d'orfèvrerie, la décoration s'affina ; les artistes empruntèrent à l'art saxon ses oiseaux, serpents et autres animaux, pour les enfermer dans un réseau vertigineux de courbes et d'entrelacs d'un équilibre gracieux, évitant toujours la sécheresse et la stabilité de la symétrie parfaite. Comme écrit Roger Chauviré : « Ce caractère même rejoint de la pensée gaélique un autre aspect, si fréquent dans les contes : la conception surnaturelle du monde, la foi dans l'instabilité des formes et la transmutation des êtres, la passion de l'invraisemblable. »

III. — Les Vikings

L'adoption du christianisme ne s'étant pas accompagnée, en Irlande, de l'adoption de l'organisation politique latine à laquelle, ailleurs, il était souvent lié, l'Irlande resta pendant cette période le théâtre de luttes intestines, et fut affaiblie par la coutume, établie au VIe siècle, de l'alternance des O'Neill du Nord et des O'Neill du Sud comme rois suprêmes. Les Angles et les Saxons l'avaient épargnée : les Vikings, eux, ne l'épargnèrent pas quand ils prirent la mer à la fin du VIIIe siècle.

Ils fondirent en 795 sur la colonie irlandaise d'Iona, célèbre dans tout le monde occidental. Ils y revinrent en 801 ; en 806, après une troisième attaque, l'abbé Cellach quitta l'île avec les survivants pour Downpatrick et Kells, emportant les reliques de Colomba et, pense-t-on, un précieux manuscrit inachevé, qui devait faire la gloire de l'enluminure irlandaise sous le nom de *Livre de Kells*. Les Vikings avaient, sur les Irlandais, la supériorité de l'armement : cotte de mailles, casque, bouclier, hache, longue épée d'acier trempé ; ils avaient une énergie farouche, la connaissance des mers. Ils arrivaient à l'improviste dans leurs drakkars, pénétraient jusqu'au fond des golfes, remontaient les rivières, débarquaient où ils voulaient, s'emparaient des chevaux, couraient piller églises et monastères, et repartaient. Pendant que les Danois s'attaquaient surtout à l'Angleterre, les Norvégiens se chargèrent de l'Irlande. Encouragés par l'absence de réaction de leurs victimes, et par la richesse de leur butin, ils multiplièrent leurs attaques sur toutes les côtes. Les ports qu'ils se mirent à construire en Norvège leur permirent d'équiper des expéditions plus importantes et de s'installer en Irlande. En 830, un de leurs chefs, Torgeist, saccagea Armagh, qui avait remplacé Iona comme grand centre religieux. En 837, il aurait amené soixante-cinq navires dans la baie de *Dubh Linn* (= l'Eau Noire).

A partir de 841, les Vikings commencèrent à construire des forts près de la côte, puis, à leur abri, les premières villes d'Irlande : Dublin, à l'embouchure de la Liffey ; Waterford, à l'embouchure de la Suir ; Cork, près de l'embouchure de la Lee ; Limerick, près de l'embouchure du Shannon ; d'autres encore. Avec ces nouveaux hommes, une nouvelle langue, et un nouveau mode de civilisation s'installaient en Irlande. Malgré le danger, non seulement les Gaëls ne s'unirent pas contre l'envahisseur, mais certains d'entre eux s'allièrent à lui par des mariages.

La deuxième moitié du IXe siècle, tout le Xe sont pleins de guerres, de batailles confuses et de destructions. C'est le moment où, près d'églises et de monastères construits surtout en bois et donc faciles à incendier, s'élevèrent les fameuses tours rondes, en pierres, qui servaient sans doute d'abri et de réserve assez précaires en cas d'attaque. Si les Vikings emportèrent en Norvège toutes sortes d'objets précieux comme des ornements de reliquaires réemployés dans des broches, des moines irlandais en emportèrent d'autres sur le continent. D'autres enfin furent sans doute cachés, ou pris puis perdus, comme le magnifique ciboire d'Ardagh, qu'un garçon découvrit en 1868 en arrachant des pommes de terre.

Pourtant, malgré guerres, désordres et destructions, ni l'art ni la littérature ne s'interrompirent. C'est au début du IXe siècle que fut terminé le *Livre de Kells*, le plus raffiné, le plus somptueux et le plus étrange des évangéliaires, qui, autour d'un texte d'une sobre beauté, déroule un trésor de motifs aux variations infinies, faisant ici mordre une image sur son cadre, ou amenant au contact des figures situées sur des plans visuels différents. C'est le symbole même de l'art irlandais, qui appelle à la liberté du rêve au moment même où il emprisonne par de savants sortilèges. Au XVIIe siècle, Cromwell, que l'on aurait imaginé inapte à cette liberté comme inaccessible à ces charmes, devait interdire l'exportation de ce chef-d'œuvre, convoité tant par Mazarin que par le roi de Danemark. Les lettres aussi restèrent en honneur : à Cormac Mac Culinan lui-même, le roi évêque qui régna à Cashel de 900 à 908, est dû le plus ancien dictionnaire comparé européen de langue vernaculaire. A la place des églises détruites, s'en élevèrent de nouvelles, souvent en pierres et plus grandes.

En 976, le royaume de Munster tomba entre les mains d'un Gaël ambitieux et énergique, Brian Boru. En 1002, il usurpa sur les O'Neill la dignité de roi suprême ; en 1014, il vainquit à Clontarf, sur la rive nord de la baie de Dublin, une coalition de Vikings et d'Irlandais du Leinster. Cette victoire, acquise au prix de sa vie, devait devenir pour les Irlandais symbole d'unité nationale et d'indépendance.

IV. — De Brian Boru à Strongbow

La réalité était beaucoup plus complexe. L'Irlande gaélique n'avait pas été unanime derrière Brian Boru. Si les Vikings de Norvège ou d'Ecosse ne revinrent plus, ceux qui étaient installés en Irlande y restèrent : l'armée victorieuse ne put prendre Dublin ; les autres villes, indépendantes ou soumises, Wicklow — dont le nom même signifie Vikingloch, ou baie des Vikings —, Wexford, Waterford, Cork, Limerick, restèrent profondément scandinaves d'esprit. Sans doute, leurs habitants étaient-ils chrétiens maintenant ; mais c'est aux églises de Grande-Bretagne et du continent que ressemblait leur église ; et leurs évêques dépendaient de Rome, non par l'intermédiaire d'Armagh, mais de Canterbury.

D'autre part, la victoire de Clontarf avait été remportée au prix d'emprunts à l'étranger, et de réformes vigoureuses. Les vainqueurs avaient manié des armes copiées sur les armes des Vikings. Quant à Brian Boru, s'il avait été fidèle à l'Irlande gaélique par l'importance qu'il avait attachée à la civilisation, l'art et la culture, il avait été novateur par sa conception d'un gouvernement fort et d'un pays plus centralisé.

Aurait-il réussi à faire partager ses idées si son accession à la royauté avait été légitime ? Nul ne pourra jamais le dire. Toujours est-il que, de la mort du roi Malachie en 1022 à l'invasion normande de 1169, la confusion politique fut pire que jamais.

A divers égards, l'Eglise irlandaise était le reflet de la société politique. D'ailleurs, les lois des *brehons* avaient toujours autorité sur les clercs comme sur les laïcs. Les abbés avaient toujours préséance sur les évêques ; la dignité abbatiale continuait à appartenir à des familles nobles ; souvent, les abbés étaient des laïcs qu'on ordonnait après leur élection. Pendant un siècle et demi, à dater de 957, tous les abbés d'Armagh appartinrent à la même famille.

Bref, ayant peu de rapports avec l'Angleterre et le continent, qui avaient maintenant leurs propres écoles, l'Irlande vivait trop repliée sur elle-même, prise dans un cycle apparemment sans fin de rivalités et de querelles, pratiquement immobile.

Après Brian Boru, les premiers appels à se réformer et s'organiser lui vinrent de l'étranger. Par l'intermédiaire de Dublin, les archevêques de Canterbury pressèrent les rois et les évêques irlandais de se conformer aux principes grégoriens : reconnaissance de l'autorité suprême de Rome, adoption d'un seul rituel, mariage canonique, établissement d'un véritable épiscopat soumis à l'autorité romaine, célibat du clergé, indépendance de l'Eglise à l'égard du pouvoir civil.

Les synodes de Cashel (1101) et de Rathbreasail (1111) transformèrent la structure de l'Eglise, sans pouvoir encore toucher aux lois des *brehons* concernant le mariage. Un décret du premier interdit de faire comparaître clerc *ou poète* devant des laïcs. Le second établit la hiérarchie ecclésiastique normale, et divisa le pays en deux provinces métropolitaines, celle d'Armagh et celle de Cashel. Il est significatif que l'abbé d'Armagh Cellach, dont la famille détenait cette dignité abbatiale depuis cent cinquante ans, ait alors été consacré évêque, et reconnu comme « héritier de Patrick » et primat d'Irlande. La réforme fut complétée par saint Malachie, qui, appelé à succéder à Cellach, réussit à imposer la procédure canonique pour son élection, puis démissionna pour prendre le pauvre diocèse de Down. Chargé d'une mission auprès du pape, il s'arrêta, en 1140, à Clairvaux, où il rencontra saint Bernard. Dès son retour il fonda, à Mellifont, une première abbaye cistercienne. Cette fondation marqua la fin de l'ère des anciens monastères irlandais. Quatre ans après la mort de Malachie à Clairvaux en 1148, son œuvre fut complétée par le synode de Kells, qui divisa l'Irlande en trente-six diocèses. Il ne restait plus qu'à faire entrer ces réformes dans les mœurs.

Symboles d'une vie religieuse active, de nombreux édifices religieux s'élevèrent au XIIe siècle en Irlande, comme en Angleterre et sur le continent, bien qu'à une échelle plus modeste. Telle la chapelle de Cormac à Cashel, consacrée en 1134, typiquement irlandaise par son toit aigu ; telle encore la cathédrale de Clonfert, au portail coiffé d'un triangle aigu orné de rangées de têtes.

Cependant, même dans leurs églises et leurs monastères, les Irlandais continuaient à s'intéresser à leur tradition nationale préchrétienne, comme en témoigne le *Livre du Leinster*, du début du XIIe siècle, un des premiers manuscrits de sagas gaéliques qui aient subsisté. Il énumère 187 des 250 histoires prioritaires que tout *ollamh* (1) devait connaître.

L'intérêt porté par les Irlandais à de vieilles histoires extraordinaires, leur fidélité à des lois et coutumes préchrétiennes, et l'anarchie politique de leur pays devaient paraître autant de signes d'inadaptation à la vie moderne, autant d'invitations à intervenir, aux yeux de gens pratiques et assoiffés de terres comme les barons normands.

(1) Poète du roi.

Chapitre II

DE L'INVASION NORMANDE A L'ACHÈVEMENT DE LA CONQUÊTE ANGLAISE : 1169-1603

I. — L'invasion

Henry II avait demandé au pape Adrien IV, seul pape anglais de l'histoire, la permission de pénétrer en Irlande, « afin de soumettre ses habitants à la loi, et d'arracher chez eux la mauvaise graine du vice ». Quand l'armée de Strongbow débarqua près de Wexford en 1169, elle avait comme viatique la bulle *Laudabiliter*, qui accordait l'Irlande au roi d'Angleterre, et le chargeait d'y réformer l'Eglise. Certains historiens ont mis en doute l'authenticité de cette bulle, mais ni Rome ni les Irlandais du temps eux-mêmes ne semblent guère en avoir contesté l'origine. D'ailleurs, beaucoup de clercs irlandais souhaitaient que l'Eglise pût s'appuyer sur un pouvoir civil fort.

Si les Normands étaient prêts à de nouvelles conquêtes, ils vinrent en Irlande parce qu'ils y furent appelés par le roi du Leinster, Dermot Mac Murrough, qui avait été battu et déposé. Il passa la mer, et finit par trouver Henry II en Aquitaine. Muni par celui-ci d'un encouragement public à lever une armée, il se rendit alors parmi les barons des marches galloises du sud, Normands ou Flamands pour la plupart, et, en particulier, auprès du puissant Richard FitzGilbert de Clare, comte de Pembroke, mieux connu sous le nom de Strongbow (1). Marché fut conclu. Rentré en Irlande en 1167, Mac Murrough fut rejoint en mai 1169 dans le sud du Leinster par une troupe de chevaliers en cotte de mailles, accompagnés de fantassins et d'archers. Quand Strongbow débarqua à son tour, Wexford était déjà tombée. Les envahisseurs vinrent attaquer Dublin, qui fut prise à l'improviste, pendant des négociations, le 21 septembre 1170.

En 1171, Mac Murrough mourut. Strongbow s'empara aussitôt du Leinster, et repoussa une attaque du roi suprême Rory O'Connor. C'est alors qu'Henry II arriva lui-même pour réaffirmer son autorité sur ses entreprenants barons. Non seulement ceux-ci, mais les Scandinaves et bon nombre de rois gaëls vinrent reconnaître sa suzeraineté ; à Cashel, les évêques l'accueillirent avec empressement. Aucune opposition armée ne se manifesta. Henry créa la seigneurie de l'Irlande, se réserva Dublin et sa région, ainsi qu'une bande côtière, nomma Strongbow comte de Leinster, au lieu de roi, qu'il était devenu, et donna le royaume de Meath à Hugues de Lacy. Puis il repartit.

« Si Henry II était roi d'Angleterre, écrit J. C. Beckett, les chefs irlandais se soumirent à lui personnellement, non à la couronne anglaise..., il ne considérait pas l'union politique des deux îles comme indissoluble. » Mais Beckett sait mieux que personne ce que pouvaient peser les considérations

(1) Assez curieusement on ne connaît à ce Normand que ce surnom anglais.

du roi en face d'une réalité inexorable. C'était Dublin, la tête de pont anglo-normande, qu'Henry réservait à son fils. L'Irlande était, en fait, jointe à l'Angleterre.

Le successeur d'Adrien IV, le pape Alexandre III, soutenait l'entreprise d'Henry. L'Eglise d'Irlande, dans sa majorité, souhaitait un arrangement entre lui et les rois gaëls. Grâce à l'entremise de l'archevêque de Dublin, Laurence O'Toole, fut conclu, en 1175, le traité de Windsor, par lequel Rory O'Connor reconnaissait Henry comme suzerain, et s'engageait à percevoir tribut pour lui dans l'Irlande gaélique, en échange de quoi il se voyait reconnaître lui-même comme roi suprême des régions non conquises. Traité inapplicable. La royauté suprême d'O'Connor était purement nominale : il ne semble pas même avoir essayé de percevoir le tribut prévu. Quant à Henry, il ne pouvait empêcher les fougueux et voraces barons d'Irlande de s'emparer de nouvelles terres. Il était trop occupé, les barons trop peu nombreux, pour conquérir l'île : de son côté, malgré la faiblesse de son organisation politique, la société gaélique avait dans le pays des racines trop profondes, elle vivait d'une vie originale trop intense, pour ne pas résister tenacement aux envahisseurs.

Ceux-ci apportaient dès leur arrivée des facteurs essentiels de civilisation. Comme l'écrit F. X. Martin, ce furent les Normands qui donnèrent à l'Irlande une administration centralisée et une économie fondée sur la monnaie ; ce furent eux qui introduisirent l'agriculture systématique, eux qui, sur la longue route menant à la démocratie, firent les premiers pas, en convoquant un Parlement, en introduisant les jurys. « Les seules personnes qu'ils déplacèrent furent les nobles gaëls », ajoute-t-il ;

les gens du peuple restèrent sur place. Les Normands donnèrent à l'Irlande la plupart de ses villes et de ses villages, presque toutes ses cathédrales médiévales, et ses plus magnifiques abbayes. Et F. X. Martin conclut : « La tragédie de l'invasion normande ne fut pas la conquête de l'Irlande — elle ne fut jamais conquise ; ce fut sa demi-conquête. » En effet, il est peu d'exemples d'affrontements aussi longs et producteurs de souffrances que ceux qui ont fait suite pendant des siècles à l'invasion normande de l'Irlande, et l'on peut dire qu'ils n'ont pas encore pris fin.

Un des apports des Anglo-Normands n'a pas encore été mentionné, ni une des particularités les plus frappantes de l'histoire irlandaise. Au moment du débarquement de Strongbow, on parlait gaélique, nordique et latin en Irlande. Mais maintenant deux langues nouvelles y pénétraient : le français des Normands et l'anglais de leurs serviteurs (pour ne pas parler du gallois). Ce qui était vrai des hommes l'était aussi de leurs langues. Le nombre de francophones puis d'anglophones était trop faible pour que fût entamée une langue bien appuyée sur une tradition littéraire vigoureuse, et soigneusement enseignée dans les écoles bardiques ; et la langue de Dublin, continuellement alimentée de l'extérieur, ne pouvait ni mourir, ni prendre un caractère spécifiquement irlandais.

Hugues de Lacy s'était rapidement emparé de l'ancien royaume de Meath qui lui avait été accordé, et avait aussitôt entrepris de l'organiser sur le mode féodal. Il s'installa lui-même à Drogheda et à Trim. En même temps, il établit ses vassaux dans des châteaux secondaires à l'ombre desquels restèrent ou revinrent les bouviers ou cultivateurs indigènes qui avaient déjà été là au service des nobles gaëls maintenant dépossédés.

Le passage de l'organisation lâche du royaume gaélique, où l'autorité, souvent mal assurée, était assez diffuse parmi les membres de la famille royale, à cette organisation ferme, où l'autorité était entre les mains d'un seul homme, tenant automatiquement son titre de son droit d'aînesse, et qui administrait la justice féodale dans une cour seigneuriale, représentait une profonde révolution.

A la guerre, pour le moment, la supériorité des Normands était éclatante, quand leur nombre était suffisant : c'était à la fois celle de l'armement et de l'organisation. Ils faisaient avancer des rangs serrés de fantassins, d'arbalétiers gallois, flanqués d'escadrons de cavaliers en casque et haubert, contre un tourbillon d'Irlandais à pied, très vulnérables dans leur tunique de lin. La bataille gagnée, les Normands se hâtaient, pour tenir le terrain conquis, de bâtir des forteresses, dont l'élément essentiel était une butte de terre aux bords abrupts, entourée d'un fossé profond, et portant une plate-forme dominée par une tour, primitivement en bois. Lorsque, vers 1200, un donjon de pierre remplaça cette tour de bois, ces forteresses devinrent imprenables.

Les rivalités et querelles successorales qui paralysaient les Gaëls favorisèrent l'extension de la conquête comme elles avaient provoqué l'invasion.

En 1176, à la mort de Strongbow, le Leinster revint à la couronne. En 1177, Henry nomma son fils cadet Jean — le futur Jean sans Terre — seigneur de l'Irlande. Le pouvoir central ne pouvait être renforcé de se trouver entre les mains d'un enfant de dix ans. En cette même année, Jean de Courcy, à la tête de trois cents hommes, envahit la partie de l'Ulster située à l'est du Lough Neagh, et en prit possession.

La mort de l'archevêque de Dublin, Laurence O'Toole, révéla les répercussions qu'avait l'invasion normande dans la vie de l'Eglise. Déjà, Strongbow avait obtenu d'O'Toole lui-même la permission de reconstruire en plus grand la cathédrale de Christ Church, fondée en 1038 par les Vikings. Maintenant le nouvel archevêque, Jean Comyn, fit construire une nouvelle cathédrale, Saint-Patrick. Les visiteurs de Dublin s'étonnent de voir que les deux anciennes cathédrales de la capitale appartiennent à l'Eglise d'Irlande, c'est-à-dire à la petite minorité anglicane : cette situation est surtout un rappel du fait que Dublin fut d'abord une ville étrangère, et que si, par la suite, elle devint la capitale du pays, elle garda son caractère de garnison anglaise. Mais la venue des Anglo-Normands se manifesta, dans l'Eglise, par des changements plus importants encore que la construction de plus grands sanctuaires. Dans l'esprit des envahisseurs, l'Eglise ne pouvait être qu'une Eglise d'Etat, gouvernée par des évêques princes, loyaux serviteurs de l'Etat. Si Jean Comyn voulut quitter Christ Church, ce fut surtout pour sortir de la cité, et devenir hors de ses murs un grand seigneur féodal.

En 1185, le prince Jean fit une brève visite en Irlande, amenant avec lui de nouveaux seigneurs qui venaient, eux aussi, chercher ou prendre des terres : Thiébaud Gautier, fondateur de la famille des Bouteiller ou Butler, plus tard comtes d'Ormond; Bertram de Verdun; Guillaume du Bourg, qui reçut la seigneurie de Thomond, au nord de l'embouchure du Shannon, et dont les descendants devaient prendre le nom de Burke; d'autres encore. La conquête continuait : en 1198, l'ancien roi suprême des Gaëls, Rory O'Connor, qui avait dû abandonner son titre en 1186, mourait dans un monastère.

Devenu roi en 1199, Jean créa en Irlande une administration, une justice royales, y consolida l'Eglise d'Etat, décréta qu'aucun natif du pays ne pourrait être évêque. En 1210, il vint en personne pour réaffirmer son autorité sur les barons rebelles, et créa des comtés, qu'il plaça sous l'autorité de shérifs. Avant de repartir, il força les grands vassaux à jurer d'observer en Irlande les lois et coutumes... de l'Angleterre.

Pendant un siècle, les Anglo-Normands étendirent leurs conquêtes. A partir de 1200 environ, une grande partie de l'Irlande se couvrit de leurs nouveaux châteaux de pierre. Regarder tous leurs noms sur la carte, c'est avoir l'impression que les conquérants tenaient presque toute l'île. De fait, à l'ombre de ces châteaux, presque toujours une ville s'établissait. Rapidement des guildes s'y constituaient ; des églises et des cathédrales s'y élevaient, presque impossibles à distinguer des sanctuaires contemporains d'Angleterre ou de Normandie.

En même temps une évolution se produisait dans la vie monastique : les abbayes cisterciennes existantes étaient de petites sociétés autarciques, situées en pleine nature : dominicains et franciscains, qui parurent à partir de 1230, s'installèrent dans les villes, au contact, d'abord, de la population anglo-normande.

II. — La résistance gaèle

Mais une carte de l'Irlande du XIIIe siècle, où ne figureraient que les noms des villes et des monuments, donnerait une image erronée de la réalité. L'Irlande se divisait en trois parties : la « Terre anglaise », « Terre de paix », ou *Pale*, divisée en comtés et directement sous la juridiction anglaise ; les baronnies, où les grands vassaux exerçaient sans contrôle une autorité souvent menacée par les Gaëls ; enfin, la « Terre de la guerre ». En fait, les Gaëls tenaient encore les deux tiers de l'Ulster : les O'Donnell, à l'ouest, les O'Neill, au centre, allaient y régner sans interruption jusqu'en 1603 ; chassés de Galway, les O'Connor se maintenaient plus au nord dans le Connacht ; les O'Brien disputaient le Thomond aux de Clare ; dans le Leinster même, comme dans le Munster, il y avait encore des rois irlandais. En dépit du décret royal selon lequel aucun Gaël ne devait être évêque, les archevêques d'Armagh, de Tuam et de Cashel étaient toujours des Gaëls.

La société gaèle était pauvre ; elle n'évoluait pas ; les descendants des envahisseurs la considéraient comme primitive et barbare, tout en épousant à l'occasion des filles de rois irlandais. Aux cathédrales anglo-normandes, elle ne pouvait guère opposer que celle de Cashel ; encore cette cathédrale n'était-elle guère plus irlandaise que Christ Church. A tous les châteaux normands, combien cette société pouvait-elle en opposer ? Elle continuait à refuser les villes, à préférer la vie pastorale à l'agriculture : d'ailleurs, agir autrement, c'eût été pour elle se mettre à la merci de l'envahisseur. Sa culture même était en déclin : Douglas Hyde écrit que, pendant les quatre siècles qui suivirent l'invasion, la littérature de l'Irlande semble avoir été presque confinée dans les écoles bardiques, et avoir manqué d'imagination et d'initiative.

Pourtant, cette société résistait toujours. Ce n'était pas seulement la conscience de son identité qui animait sa résistance : c'était aussi celle d'une menace permanente de spoliation et de dégradation. Car telle était bien la conséquence de la conquête pour toute la population irlandaise, à l'exception des seuls *betaghs* (serfs), dont la condition demeurait inchangée : peu à peu, le mot *Hibernicus* (Irlandais) devint synonyme de vilain. En 1268 commencèrent à arriver en Irlande, principalement dans les armées gaéliques, les *gallowglasses* ou « soldats étrangers », mercenaires écossais mi-nordiques mi-gaéliques. Leur bravoure, leur armure, leur discipline et leur acharnement faisaient d'eux de redoutables combattants ; ils devaient puissamment contribuer au redressement gaélique. Dès 1270, ils participèrent à la bataille d'Athankip, où Gautier de Burgo et le justicier royal Ralf d'Ufford furent mis en déroute. Ce n'était qu'une bataille. Les Irlandais, réalistes, se tournèrent vers le roi d'Angleterre. La Grande Charte, arrachée à Jean sans Terre en 1215, pouvait être une protection contre les barons ; peu à peu un Parlement prenait forme en Angleterre, et Édouard Ier se souciait de définir le droit féodal ; mieux valait un droit étranger que l'arbitraire et l'insécurité perpétuelle : en 1276, les Irlandais offrirent de l'argent au roi contre l'extension de la loi anglaise à l'Irlande. Les barons s'opposèrent à une mesure qui eût limité leur pouvoir, et le roi n'osa pas aller contre leur volonté. Vers 1292 il décida que le bénéfice de la loi anglaise serait accordé à tout Irlandais qui en ferait la demande ; mais cette clause restrictive ôtait à sa décision toute valeur politique : l'esprit de la loi resta le même : pour bénéficier des droits dont jouissaient les Anglais, il fallait, pour un Irlandais, renoncer à son identité même.

Ce qui rend l'histoire de l'Irlande difficile à déchiffrer, c'est que la décision des armes pouvait être inversée par une action subtile et continue : quand aux batailles succédaient des mariages, on ne pouvait savoir encore quel parti avait remporté la victoire : la conquête militaire était souvent annulée par une contre-conquête, linguistique, culturelle, et spirituelle. Le plus triste de l'affaire, sans doute, c'est que le monde anglais et le monde irlandais s'entrepénétraient sans se mélanger.

En 1295, à guère plus de 50 kilomètres de Dublin, à l'occasion d'un banquet de Noël auquel il avait invité les O'Connor, Piers de Bermingham massacra leur chef et trente et un de ses parents ou amis. Pour cet exploit, il reçut une récompense de 100 livres du gouvernement de Dublin. En cette même année, Jean de Wogan fut envoyé par Edouard Ier en qualité de « justicier », non pas pour apporter la justice à l'Irlande, mais pour arrêter les conflits incessants des barons entre eux, et pour tirer du pays les hommes, l'argent et les vivres dont il avait lui-même besoin pour ses guerres contre les Français ou les Ecossais. Divers actes du Parlement qu'il convoqua témoignent de la vitalité de l'Irlande gaèle, comme celui menaçant les « Anglais dégénérés » qui se coiffent à l'irlandaise.

Bref, ne pouvant et ne voulant pas traiter l'Irlande comme terre anglaise, Edouard Ier l'avait traitée comme pays conquis ou à conquérir. Voilà qu'après sa mort Robert Bruce, soutenu par la masse du peuple écossais, s'empara un par un des châteaux anglo-normands d'Ecosse ; en 1314, il écrasait l'armée anglaise à Bannockburn. Bruce descendait par sa mère des anciens rois gaëls d'Ecosse. Plusieurs chefs irlandais firent appel à son frère cadet Edouard. Celui-ci accourut, et fut couronné « roi d'Erin » en 1316. Ses partisans irlandais adressèrent au pape d'Avignon Jean XXII une remontrance contre l'oppression anglaise : en dépit de l'engagement d'Henry II de « respecter et de maintenir intégralement et inviolablement » les droits de l'Eglise d'Irlande, en dépit du don de son royaume fait par le roi Jean en 1213 « à Dieu, à son Eglise, et au Pape », les Anglais n'avaient pas respecté les obligations que leur imposait la bulle *Laudabiliter* ; désespérant d'obtenir justice du roi d'Angleterre, les Irlandais avaient donc répudié son autorité, et Donal O'Neill « roi héréditaire légitime de l'Irlande », avait cédé ses droits à Edouard Bruce. Jean XXII rappela ses devoirs au roi d'Angleterre ; mais il excommunia Edouard Bruce et ses partisans. Quelques mois plus tard, le « roi d'Erin » était vaincu et tué. Ses armées avaient ravagé le pays : il n'y laissait pas un heureux souvenir. On trouve d'abord étonnants cet appel à un étranger, et cette fidélité à la papauté, toujours si mal récompensée. Si le pape faisait confiance aux Anglo-Normands en Irlande, c'est surtout parce que ses contacts avec l'Irlande se faisaient essentiellement par l'intermédiaire de l'Angleterre, de ses évêques et de ses ordres religieux.

Après la mort d'Edouard Bruce, l'île lointaine connut une période de calme relatif. D'Angleterre venaient peu à peu de nouvelles idées ou institutions, toujours aussi étrangères à la société gaélique, mais que dans la suite des siècles le peuple irlandais devait reprendre à son compte. Des cours de justice à l'anglaise s'étaient organisées dès le XIIIe siècle. Maintenant, l'idée de représentation faisait son chemin : en 1320, Edouard II accorda le bénéfice de la Grande Charte à l'Irlande — mais c'était seulement à l'Irlande anglaise. Les villes grandissaient, le commerce se développait ; peu à peu, on réduisait les forêts, les cultures s'étendaient. Une littérature anglo-irlandaise naissait, les corporations se mettaient à jouer des mystères et des moralités.

Bref, on peut dire qu'il y avait un mouvement d'anglicisation de l'Irlande. Le français, qu'on avait utilisé, pour les vers comme pour la prose, en Irlande comme en Angleterre, reculait maintenant devant l'anglais dans ces deux pays. Mais cette anglicisation ne s'étendait pas à toute l'île, et ce n'est guère que dans les villes du *Pale* qu'elle produisait tous ses effets. Comment l'Irlande aurait-elle pu être vraiment anglicisée, alors que le roi la négligeait, l'humiliait en n'y mettant jamais les pieds — pas une visite de 1210 à 1394 — et refusait de donner aux Irlandais la protection de la loi anglaise, tout en se tenant pour leur suzerain à tous ? Quant aux Anglo-Normands d'Irlande, ils étaient trop peu nombreux pour pouvoir étendre leur influence ; plusieurs d'entre eux avaient des terres en Angleterre, en France, et c'est parfois là qu'ils résidaient de préférence ; à partir de 1337, la guerre qui devait être celle de Cent ans en appela en France ; en 1349-1350, la « Peste noire », qui enleva le tiers de la population de l'Irlande, frappa surtout les gens des villes, c'est-à-dire surtout des gens d'origine normande ou anglaise.

Maintenant, trois grandes familles se partageaient l'essentiel des Marches — la partie du pays qu'on ne pouvait dire ni anglaise ni gaélique : les Butler, nommés comtes d'Ormond en 1329 ; les FitzGerald, dont la branche aînée avait le Kildare, et la cadette, le Desmond ; enfin les du Bourg ou de Burgo, qui tenaient le Connacht, et dont la branche aînée avait acquis les terres de de Lacy, l'Ulster oriental. Les Butler, qui possédaient aussi de grands domaines en Angleterre, restèrent très fidèles au roi, et donnèrent une empreinte anglo-normande au Kilkenny. Mais, en Ulster, la plupart des terres retombèrent entre les mains irlandaises ; dans le Connacht, deux frères de la branche cadette de la même famille, se fondant sur la tradition gaélique de succession par les hommes, saisirent les terres familiales, qui, de par le droit féodal, revenaient à une jeune fille ; ils abandonnèrent jusqu'à leur nom normand pour prendre celui de Mac William. Ce furent les premiers grands seigneurs normands à devenir, selon une expression du temps, *Hibernicis ipsis Hiberniores* — plus Irlandais que les Irlandais eux-mêmes. Leur exemple fut suivi : bientôt la langue anglaise et le droit anglais disparurent du Connacht. Quant aux FitzGerald, l'un d'eux, Maurice, comte de Desmond, réunit à Kilkenny, en 1341, une sorte de contre-Parlement.

Constatant à la fois le retour en force des Irlandais et l'opposition de ses propres vassaux, Edouard III fit quelques concessions à ces derniers : une de ses ordonnances stipule que « tous les Anglais nés en Irlande seront considérés comme de vrais Anglais, comme ceux d'Angleterre » ; par contre, un édit de 1361 déclare : « Aucun Irlandais de race, appartenant à la nation irlandaise, ne sera fait maire, bailli ou officier en aucun lieu soumis au roi, ni n'aura canonicat ou bénéfice parmi les Anglais. »

En cette même année 1361, le roi envoya comme lieutenant, presque avec pleins pouvoirs, son propre fils cadet Lionel, duc de Clarence ; soixante-quatre autres seigneurs reçurent du roi ordre de l'accompagner. Edouard se plaignait des « magnats de notre terre d'Angleterre, qui, lorsqu'ils ont des terres en Irlande, en tirent le profit, mais sans les défendre ». Le duc de Clarence ne reçut qu'un accueil assez tiède. Pendant quelques années, il s'efforça de restaurer l'autorité anglaise, puis, en 1366, las des difficultés irlandaises, il fit voter par le Parlement les textes restés célèbres sous le nom de Statuts de Kilkenny, et repartit.

Ces « Statuts » comportaient toute une série d'interdictions : de donner ses fils à élever dans une autre famille, de s'unir avec des Irlandais par mariage ou parrainage, d'appliquer la loi des *brehons*, d'entretenir ménestrels, poètes ou conteurs, de vendre chevaux ou armure à des Irlandais. En revanche, obligation était faite, aux Anglais et aux Irlandais qui vivaient parmi eux, d'employer des noms de famille anglais, de parler anglais ; obligation encore, pour la guerre, de tirer à l'arc et de monter sur une selle, à l'anglaise ; l'usage de l'irlandais entraînerait la confiscation de leurs terres. Il était redit que « parmi les Anglais » les Irlandais étaient exclus des chapitres des abbayes et cathédrales comme de tout bénéfice. La « Terre de paix », où les Anglais devaient être appelés au service militaire, comprenait les comtés et territoires de Louth, Meath, Trim, Dublin, Kildare, Kilkenny, Wexford, Waterford et Tipperary, soit le tiers de l'île à peine.

Les Statuts de Kilkenny, qui devaient officiellement rester en vigueur pendant deux siècles et demi, représentaient une sorte de jeu entre réalité et fiction. La fiction, c'était que l'Irlande appartenait au roi d'Angleterre, et qu'elle était anglaise : le préambule disait qu'au temps de sa conquête les conquérants parlaient anglais : mais, comme l'ensemble du texte, il était lui-même rédigé en français normand. La réalité explicitement reconnue, c'était qu'il y avait en Irlande beaucoup d' « Anglais dégénérés », qui devenaient les « rebelles irlandais du royaume ». La réalité implicitement reconnue, c'était qu'en Irlande il y avait aussi beaucoup de « simples Irlandais », beaucoup d' « ennemis irlandais du roi ». Même rebelles, les Anglais restaient sous la protection de la loi anglaise : les « simples Irlandais », eux, étaient juridiquement considérés comme serfs, et n'avaient aucun droit.

« Le droit irlandais et le droit féodal étaient trop éloignés l'un de l'autre, écrit J. C. Beckett, pour ne pas rendre toute fusion impossible sans des changements radicaux d'un côté ou de l'autre. » Mais si l'Angleterre, tournée obstinément vers la France, refusait de payer le prix d'une véritable conquête de l'Irlande, elle refusait aussi obstinément toute idée de fusion avec elle. Les Statuts de Kilkenny étaient une réaffirmation des prétentions de l'Angleterre à la domination sur l'Irlande, accompagnée d'une affirmation de l'incompatibilité des deux nations, et d'une reconnaissance implicite de la vitalité de l'ennemi.

C'était bien là la chose la plus étonnante : la société gaélique, estimée barbare, restait fidèle, dans le malheur, aux familles qui l'avaient jadis instituée et dominée ; elle leur permettait même des reconquêtes dans toutes les provinces et presque en vue de Dublin.

Les échanges qui se faisaient entre Anglo-Normands et Irlandais n'étaient pas à sens unique : beaucoup de chefs gaëls adoptaient des armoiries, essayaient même de féodaliser partiellement leur nation. Une chose paraît claire : ce que les Anglais appelaient « dégénérer » quand ils parlaient de leurs compatriotes d'Irlande ne représentait aucune décadence culturelle. Mais cette expression même témoigne que ces échanges ne produisaient aucun rapprochement entre les deux nations ; et la gaélicisation des seigneurs ne produisait qu'une caste intermédiaire, suspecte au pouvoir anglais, tolérée par nécessité et dans l'espoir d'une récupération ultérieure.

Tristes Statuts, modèle de réalisme étroit et de paresse spirituelle. Mais triste spectacle aussi que celui d'une société incapable de s'unir d'une façon organique pour défendre ses propres richesses, incapable de tirer des emprunts, généralement intéressés, que ses chefs faisaient à la société féodale anglaise, une leçon d'ordre général.

En 1367, Edouard III, inquiet pour le *Pale* même, convoqua un Parlement à Dublin, et y fit adopter une loi ordonnant aux Anglais propriétaires en Irlande d'y aller résider ou de fournir des hommes pour sa défense, sous peine de confiscation de leurs terres. Cependant, trois ans plus tard, il autorisait lui-même Gérald, troisième comte de Desmond, à confier l'éducation de son fils à une famille gaèle.

La situation devenait d'autant plus sérieuse qu'au même moment, en France, Du Guesclin commençait à chasser les Anglais.

En 1390, Art Og Mac Murrough, qui avait été proclamé roi du Leinster, vint ravager les domaines des Anglais en Kildare, en Wexford, et en Carlow. Alors, profitant d'une suspension des hostilités en France et en Ecosse, Richard II débarqua à Waterford en 1394 à la tête d'une grande armée, dans laquelle il avait appelé à le suivre nombre de propriétaires « absentéistes » de domaines irlandais. Presque tous les chefs irlandais vinrent lui rendre hommage et reconnaître les grands seigneurs normands comme leurs suzerains directs. Mac Murrough lui-même se soumit. Richard eut le tort de considérer comme un achèvement de sa tâche les magnifiques cérémonies de l'hommage auxquelles les Irlandais se prêtèrent avec empressement, et repartit en mai 1395 : aucune des stipulations des traités négociés ne fut ni sanctionnée par le Parlement irlandais, ni mise en pratique ; en 1398, Roger Mortimer, lieutenant d'Irlande et, qui plus est, héritier de la couronne, fut tué dans une bataille livrée aux Irlandais du Leinster. Richard II revint pour le venger ; mais, tandis qu'il cherchait vainement à s'emparer de Mac Murrough, Henry de Lancastre, retour d'exil, débarquait en Angleterre et s'emparait du trône.

L'Irlande restait divisée en trois éléments. Il y avait d'une part l'Irlande gaèle, avec ses *brehons*, ses écoles bardiques, son église, à l'organisation toujours aussi peu orthodoxe, son souci des généalogies, son amour pour la culture, son respect pour la poésie, sa religion ; ensuite l'Irlande anglaise, c'est-à-dire le *Pale*, et la plupart des villes, où l'on continuait à parler anglais ; enfin les seigneurs, qui profitaient du fait que les Anglais étaient occupés en France pour devenir presque indépendants. Trois éléments qui se rencontraient constamment, mais qui, en l'absence de tout pouvoir central assuré, de toute pensée politique ferme, restaient politiquement improductifs. « Par sa simple présence dans le pays, écrit Trevelyan, l'Angleterre empêchait les Irlandais d'élaborer aucun projet d'unité nationale. » Et si le roi envoyait un homme fort en Irlande, comme John Talbot qui arriva à Dublin en 1414, celui-ci se sentait le point de rencontre de suspicions et d'hostilités opposées : suspicion anglaise à l'égard de l'Irlande, suspicion des Anglo-Irlandais à l'égard de l'Angleterre.

En 1447, Richard, duc d'York, était nommé lieutenant en Irlande par le faible roi Henry VI. Un grand prince, qui avait dans ses veines du sang normand et du sang des Gaëls : on l'accueillit avec enthousiasme. Mais il se souciait surtout de se faire des partisans pour conquérir le trône d'Angleterre. Il gagna les Anglo-Irlandais à sa cause, ou à sa personne, sauf, cependant, les Butler : l'Irlande se trouva ainsi mêlée à la guerre des Deux-Roses.

En 1459, quand le Parlement anglais condamna Richard et ses partisans à la perte de leurs droits, le Parlement irlandais convoqué à Drogheda prit ardemment la défense du duc, lui donna des pouvoirs presque souverains, et affirma sa propre indépendance législative. Richard fut tué en Angleterre l'année suivante dans une bataille ; mais, en 1461, son fils Edouard fut couronné roi.

En 1463, il nomma gouverneur de l'Irlande Thomas FitzGerald, septième comte de Desmond. C'était la première fois que la seigneurie d'Irlande était confiée à un Anglo-Irlandais, qui, de plus, était ami des Gaëls. Devenu bientôt suspect, Thomas fut remplacé comme gouverneur en 1467, puis accusé de trahison, condamné et décapité.

Bien qu'accusé, lui aussi, de trahison à cause de ses relations avec les Irlandais, le chef de la branche aînée des FitzGerald, le comte de Kildare, avait été pardonné. Il se trouva bénéficier de la situation : quand Edouard IV retrouva son trône, après un intermède lancastrien, il dut laisser l'aristocratie anglo-irlandaise autonomiste maîtresse du *Pale* : le comte de Kildare, qui eut le titre de *Deputy*, ou représentant, eut plus de pouvoir de fait que n'en avaient eu la plupart des « justiciers » ou même « lieutenants » qui l'avaient précédé. Son château était tout près de Dublin, à Maynooth ; ses vastes domaines occupaient une partie du *Pale* et s'étendaient au-delà ; mais il devait aussi sa puissance à sa politique d'alliance avec les seigneurs anglo-irlandais et les chefs irlandais. A sa mort, son fils Garret Mor (Gérard le Grand), nommé *Deputy* à son tour, poursuivit sa politique. L'Irlande pouvait paraître au bord de l'autonomie.

C'étaient la guerre de Cent ans, la guerre des Deux-Roses qui expliquaient cette situation. La monarchie anglaise était obligée de reconnaître en la personne des descendants des barons une autorité « anglo-irlandaise ». « En gagnant l'appui loyal des Gaëls aussi bien que des Anglo-Irlandais, écrit Art Cosgrove, le Grand Comte fut plus près que quiconque de personnifier un esprit représentatif de l'ensemble de l'Irlande. » Mais, avec l'avènement des Tudors, la longue faiblesse de la monarchie anglaise allait prendre fin, et l'Angleterre n'allait plus permettre bien longtemps à un « esprit représentatif de l'ensemble de l'Irlande » de se manifester : en d'autres termes permettre à l'Irlande d'avoir une réalité politique.

III. — La conquête des Tudors

Menacé par une rébellion yorkiste basée en Irlande, Henry VII commença par s'assurer l'appui du pape, allié traditionnel de la monarchie anglaise. Puis il envoya en Irlande un soldat et administrateur capable, Sir Edward Poynings. Celui-ci arriva avec des administrateurs anglais et une petite armée. Il arrêta Garret Mor, et contraignit les rebelles à la retraite. Le Parlement qu'il convoqua annula docilement les décisions du « prétendu » Parlement de 1460, et mit fin, du moins officiellement, à l'autonomie irlandaise. De nouveau fut affirmée la division de l'Irlande en pays anglais d'une part, et pays rebelle ou ennemi d'autre part : il fut décidé de fortifier toute la limite occidentale du *Pale*, depuis l'embouchure de la Liffey au sud,

Fig. 2. — L'Irlande vers 1500

jusqu'à Dundalk au nord, et de confier à des hommes nés en Angleterre la garde des châteaux stratégiques ; les « Statuts de Kilkenny » furent confirmés. Ces décisions, et d'autres qui avaient pour but de tirer de l'argent de l'Irlande à l'usage de la couronne, n'auraient pu être appliquées que si Poynings et son armée avaient pu rester sur place. Henri VII ne pouvant se le permettre libéra Garret Mor et lui rendit ses pouvoirs et son titre. Restaient du passage de Poynings, comme une épée de Damoclès, la réaffirmation de la volonté anglaise, et la « Loi de Poynings », qui rendait plus explicite la domination anglaise sur l'Irlande : aucun Parlement ne devait se tenir en ce pays, stipulait-elle, « sans que le lieutenant et le conseil d'Irlande aient d'abord certifié au roi sous le grand sceau quelles sont les causes et les lois qu'ils estiment devoir être adoptées ; alors le roi et son conseil, ayant affirmé que ces causes et ces lois sont bonnes et avantageuses pour ledit pays, les y renverra avec son accord et son approbation, afin de convoquer en même temps ledit Parlement sous son grand sceau d'Angleterre ».

Garret Mor vécut jusqu'en 1513, en « presque roi », comme on disait de lui. Il savait, mieux que certains de ses sujets, où devaient s'arrêter ses prétentions. Son fils, Garret Og (Gérard le Jeune), lui succéda, fut nommé à sa suite « lord-député », et continua la même politique d'alliances matrimoniales et de patronage de la culture en général et de la culture irlandaise en particulier. Mais Henry VIII, qui avait maintenant succédé au circonspect Henry VII, se faisait peu à peu une idée plus ambitieuse de l'Angleterre et de l'obéissance que lui devaient tous ses sujets. A deux reprises, il convoqua Garret Og à Londres ; la seconde fois, il l'emprisonna à la Tour, en 1534. Emu par une rumeur mensongère selon laquelle Garret avait été exécuté, et exalté par le chant de son harpeur irlandais, son fils Silken Thomas, ou « Thomas à la Soie », se précipita à Dublin et se déclara l'ennemi du roi. Repoussé, il se retira à Maynooth, d'où il lança un appel à l'empereur et au pape contre Henry VIII. Mais il fut lui-même excommunié comme responsable du meurtre de l'archevêque de Dublin ; les deux tiers des défenseurs de son château périrent au combat ; les survivants furent exécutés immédiatement après s'être rendus ; en août 1535, Thomas se rendit, fut envoyé à la Tour, où il fut exécuté avec cinq de ses oncles. Jamais encore répression n'avait été si sanglante. L'Irlande, où les Fitzgerald étaient populaires chez les deux races, fut bouleversée. Elle comprenait qu'elle était destinée à être sujette. En effet, désormais le représentant du roi devait toujours y être un Anglais, ayant auprès de lui une armée anglaise.

Or, à ce moment même, la différence des deux nations avait une nouvelle occasion de se manifester. La rupture de l'Angleterre avec Rome, qui l'avait toujours soutenue en Irlande, était consommée. Les ordres monastiques étaient supprimés par le roi, qui confisquait leurs biens. Il était décidé à appliquer les mêmes mesures en Irlande.

Si l'Angleterre était mûre pour la Réforme, l'Irlande, elle, ne l'était nullement. Comme dit le P. Canice Mooney, on aurait pu s'attendre, après l'invasion de 1170, à une poussée d'antipapisme ; or, clergé, chefs et peuple avaient continué et continuaient toujours à considérer le pape comme l'ultime recours dans les litiges internationaux, et, en fait, c'étaient les « Vieux Irlandais » qui conservaient les relations les plus étroites avec la papauté, et qui envoyaient le plus fréquemment à Rome lettres et messagers. Il y avait des abus en Irlande comme ailleurs, en partie à cause de l'influence vivace des lois *brehons*. Dans beaucoup de diocèses, la dignité épiscopale était redevenue la propriété de familles irlandaises ; les offices religieux étaient irréguliers et négligés ; beaucoup d'églises, de monastères ou même de cathédrales, comme celles de Clonmacnoise et d'Ardagh, étaient presque en ruines. Seuls les frères mendiants, franciscains, dominicains et augustins prêchaient avec zèle, et leurs maisons se multipliaient. Nul mouvement de révolte ne se dessinait contre l'Eglise ; Luther comme Wycliff restait sans écho parmi les Irlandais, de sorte que lorsque Henry VIII voulut répercuter chez eux les réformes auxquelles il procédait en Angleterre il ne trouva guère pour lui obéir avec conviction que des Anglais.

Ce fut seulement sous la menace que l'Eglise irlandaise déclara le roi son chef suprême, à l'exemple de l'Eglise anglaise. En 1536, le Parlement irlandais, on devine avec quel empressement, confirma à son tour l' « acte de Suprématie », car « cette terre d'Irlande », lui faisait-on dire, « est la juste et légitime dépendance et possession de la couronne impériale de l'Angleterre ». Mais, des trente-deux évêques qui avaient été nommés par le pape avant la rupture, dix seulement reconnurent l'autorité spirituelle du roi. La réforme passa à peu près, et non sans difficulté, dans les villes et dans le *Pale* ; mais ailleurs on ne l'appliqua guère ; on montra beaucoup de répugnance à supprimer les monastères : un grand nombre de maisons religieuses, survécurent, certaines jusqu'au renouveau du XIXe siècle.

Dans ses rapports avec les seigneurs et les chefs, Henry VIII montra la même volonté d'angliciser le pays. Sans doute invita-t-il son « lord-député » à « user de voies raisonnables, de pressions politiques, et d'aimables persuasions » ; mais les traités qu'il fit signer n'étaient pas des compromis. Il n'était pas le premier à en proposer, mais il fut le premier à mettre presque sur le même pied les « rebelles anglais » et les « ennemis irlandais ». Par ces traités, les seigneurs étaient invités à abandonner à la couronne leurs terres, qui leur étaient alors rendues à titre de concession féodale. Ils s'engageaient à abandonner leurs anciens costumes, à vivre à l'anglaise et à apprendre l'anglais. Sachant quelle avait été, contre le château de « Thomas à la Soie », l'efficacité d'une artillerie à laquelle ils ne pouvaient rien opposer, sachant aussi quel sens avait eu le « pardon de Maynooth » pour les défenseurs de ce château, ils acceptèrent en grand nombre les conditions qui leur étaient offertes.

En 1541, pour bien montrer qu'il ne tenait pas du pape son droit à la possession du pays, Henry VIII se fit donner, en sa qualité de roi d'Angleterre, le titre de « roi d'Irlande » par un Parlement convoqué à cet effet. La proclamation de cette décision dut être traduite en gaélique par le comte d'Ormond pour être bien comprise.

En fin de compte, malgré ses succès apparents, la politique du roi devait échouer. Certains chefs gaëls, tels que Conn O'Neill, eurent beau se laisser séduire par la perspective d'un pouvoir féodal assuré et automatiquement transmissible à leur fils aîné, toute la société gaèle, allergique à cette idée, restait fondée sur la rivalité et les batailles des nobles. Cette société paraissait primitive et barbare aux Anglais. Pourtant près d'un siècle plus tard les auteurs des *Annales des quatre maîtres* devaient encore dire que les traités offerts par le roi avaient « abaissé la souveraineté de tous les chefs gaëls ».

La résistance irlandaise se durcit quand, sous Edouard VI, on passa de la réforme de l'Eglise aux réformes doctrinales. L'archevêque d'Armagh Dowdall, qui avait accepté l'acte de Suprématie, prit alors la tête du parti catholique. Exilé, il se réconcilia avec la papauté, qui lui restitua son titre. Depuis 1534 jusqu'à la mort d'Henry VIII, en 1547, les papes avaient déjà nommé trente évêques, irlandais pour la plupart, qui se trouvaient en opposition avec les évêques que nommait le roi. Il était clair que, malgré son nom d'Eglise d'Irlande, l'Eglise établie était seulement l'Eglise de la colonie anglaise.

Le règne de Marie Tudor ne fut pas marqué en Irlande comme en Angleterre par de sanglantes persécutions : on revint simplement à la messe. Cependant la fille de Catherine d'Aragon et d'Henry VIII se montra tout aussi anglaise que son père : ce fut sous son règne que l'on profita des révoltes de chefs irlandais pour confisquer les deux tiers du Leix et de l'Offaly pour y installer des Anglais. Ce fut la première « Plantation » d'Irlande.

En 1559 mourut le comte de Tyrone, qui avait accepté d'abandonner entièrement son nom d'O'Neill et le titre de roi auquel la tradition irlandaise lui donnait droit. Son fils cadet, « Shane le Superbe », qui avait répudié tout titre anglais, fut élu comme « l'O'Neill » par la famille, et de « l'O'Neill » il prit tous les pouvoirs. La reine le laissa en paix, mais elle fit amener à Londres et élever à l'anglaise Hugh O'Neill, petit-fils du comte de Tyrone.

En 1565 Elizabeth chargeait son envoyé en Irlande d'y établir « la religion du Christ ». L'Irlande devenait bien une terre de mission, mais pas pour les Anglais : pour les jésuites et prêtres du continent qui venaient renforcer l'œuvre des frères mendiants. L'opposition religieuse se raidissait, et l'Eglise catholique irlandaise commençait à s'organiser. La succession épiscopale catholique continuait sans interruption. En 1569 éclata dans le Munster une rébellion dont le chef des Fitzgerald, James Fitzmaurice, voulait faire une croisade. Les insurgés envoyèrent l'archevêque de Cashel, Mac Gibbon, faire appel à Philippe II. Peine perdue. Mac Gibbon courut à Rome : en 1570 Pie V excommunia Elisabeth. Une bulle ne suffisait pas : la rébellion fut vaincue.

En 1575, James Fitzmaurice alla lui-même chercher de l'aide en Espagne. Philippe II, occupé aux Pays-Bas, ne lui donna que 900 soldats pour la libération de l'Irlande. Les Anglais vinrent promptement les attaquer à Smerwick où ils avaient débarqué, et les passèrent au fil de l'épée. Le Munster, qui s'était révolté de nouveau, fut ravagé. Près de 200 000 hectares furent confisqués, divisés en seigneuries et accordés à des « entrepreneurs » anglais, à charge pour eux de subdiviser celles-ci et d'y établir des familles anglaises. C'est ainsi que le marin Sir Walter Raleigh et le poète Edmund Spenser se trouvèrent voisins sur cette terre étrangère.

En Ulster, certains Anglais étaient impatients de se servir. Leurs efforts cyniques pour s'emparer de nouvelles terres, et parfois pour se débarrasser de gêneurs irlandais, contribuèrent sans doute à affermir la volonté de résistance d'Hugh O'Neill, quand il succéda à son oncle Shane. Il avait tiré de son éducation anglaise non pas l'idée de servir l'Angleterre, mais celle de mettre au service de l'Irlande une réflexion politique neuve. Il s'allia avec son grand voisin Hugh O'Donnell « le Roux », chef du Tyrconnell. Les deux Hugh allaient enfin donner une âme à la résistance gaèle au moment même où celle-ci semblait sur le point d'être définivement vaincue.

1588 vit l'expédition de l' « Invincible Armada ». Battue devant Gravelines, la flotte espagnole s'enfuit vers le nord ; elle fut assaillie par les tempêtes, et vingt-six de ses vaisseaux se perdirent sur les côtes de l'Irlande, depuis l'Antrim jusqu'au Kerry. Les Espagnols naufragés qui gagnèrent le rivage furent pourchassés. Presque seuls purent échapper ceux qui parvinrent sur les terres des O'Donnell ou des O'Neill. Un des capitaines espagnols, don Francisco de Cuellar, devait laisser un récit de ses tribulations. Il donne aux Irlandais le nom de « sauvages », tout en notant que certains d'entre eux savaient parler latin ; sa description suggère une société très primitive, où les gens, par villages ou clans, passent une grande partie de leur temps à s'entre-voler. Mais il nous montre aussi les dévastations et cruautés commises par les Anglais. Lui-même fut pendant quelque temps recueilli par un évêque, « un très bon chrétien qui s'habillait en sauvage pour se cacher » — probablement Redmond O'Gallagher, évêque papal de Derry, qui devait être tué par les Anglais en 1601.

Le danger d'une intervention espagnole était écarté, au moins pour un temps. L'anglicisation avançait : en dehors de l'Ulster, toute l'Irlande était maintenant divisée en comtés. En 1591 une université, Trinity College, fut enfin créée à Dublin. Ce fut, dès le début, un centre protestant et même puritain, mais qui ne pouvait avoir d'influence que sur la minorité anglaise ou anglo-irlandaise : la majorité était fermement catholique, sous la direction spirituelle de jésuites et de prêtres dévoués, prêts à tous les sacrifices.

Hugh O'Neill serait peut-être resté un loyal sujet s'il avait pu conserver ses droits gaéliques, son autorité sacrée d' « O'Neill » ; mais ceux-ci étaient liés à un régime que l'Angleterre détruisait peu à peu. Il aurait accepté d'être comte de Tyrone, mais pas aux conditions auxquelles son grand-père avait souscrit : comme tous les nobles gaëls, il avait une horreur proprement aristocratique de la loi anglaise, qui prétendait être la même pour tous. Depuis des années, il se préparait méthodiquement à se défendre par les armes. La guerre éclata en 1594. O'Neill appela Philippe II, essaya d'organiser une confédération générale irlandaise, en invoquant l'obligation d'aider la « religion catholique du Christ ». Au pape Clément VIII, qui préférait les négociations aux guerres religieuses, son entreprise paraissait un anachronisme.

En août 1598 les Irlandais remportèrent une grande bataille à Yellow Ford, en Ulser. Deux mois plus tard le Munster se soulevait ; partout les colons anglais installés treize ans plus tôt étaient attaqués ; plus heureux que d'autres, Spenser et sa femme réussirent à s'échapper tandis que leur château brûlait. Si Philippe II avait envoyé des troupes à ce moment, la situation eût été critique pour les Anglais. Cependant le pays d'Ormonde ne bougeait pas, et, faute d'artillerie, O'Neill ne pouvait s'attaquer aux villes.

L'Angleterre mesura le danger, et décida, cette fois, de payer le prix d'une victoire décisive. En 1599, Elizabeth envoya en Irlande plus de 17 000 hommes, armée considérable pour réduire un pays dont la population ne devait guère dépasser un demi-million d'habitants. Sous le commandement du comte d'Essex, celle-ci s'usa d'abord sans succès. Essex fut alors remplacé par Mountjoy, qui arriva avec des renforts. Évitant tout affrontement avec les armées irlandaises, il détruisit récoltes et troupeaux et établit des garnisons jusqu'à Derry, au cœur du territoire ennemi. En 1600, l'insurrection du Munster fut sauvagement réprimée ; O'Donnell et O'Neill durent se retirer dans le Nord. En septembre 1601, les Espagnols, au nombre de 4 000, débarquèrent enfin à Kinsale, près de Cork. Les deux chefs gaëls redescendirent alors pour se joindre à eux, mais les Anglais remportèrent devant Kinsale la bataille décisive. Les Espagnols survivants rembarquèrent ; O'Neill résista encore plus d'un an pour obtenir des conditions honorables, et finit par déposer les armes en mars 1603.

La conquête de l'Irlande était enfin achevée. Comme l'écrit Beckett, l'organisation sociale et politique de l'Irlande gaélique n'existait plus : « L'autorité traditionnelle des chefs et les droits que donnait la loi *brehon* furent remplacés par l'autorité du gouvernement de Dublin et le droit coutumier de l'Angleterre... La société gaélique était aristocratique. Ce furent les chefs et leurs protégés privilégiés qui souffrirent le plus de ces changements : dans les lamentations des bardes professionnels, il n'est question que de leur chute ; mais, pour la population travailleuse, il se peut que le nouveau régime ait été à certains égards avantageux. » Les campagnes dévastées par les guerres retrouvèrent bientôt leur équilibre, « mais les changements politiques qui suivirent la conquête eurent un effet permanent sur la vie économique du pays. Jusqu'au milieu du XVIe siècle, une grande partie de la richesse commerciale de l'Irlande s'était concentrée dans les ports du sud et de l'ouest, qui trafiquaient avec le continent, avec l'Espagne en particulier... Désormais le resserrement de l'association avec l'Angleterre accrut naturellement l'importance relative de Dublin, de Drogheda, des autres ports de la côte orientale, bien situés pour commercer avec l'Angleterre. Ce commerce anglo-irlandais en augmentation constitua un des principaux fondements de la nouvelle colonie anglaise qui se formait en Irlande, et qui allait tant compliquer et envenimer les luttes civiles du milieu du XVIIe siècle ».

Pour la majorité des Irlandais, cette colonie, c'était l'étranger. Malgré ses souffrances, malgré ses dures servitudes, le peuple irlandais avait été étonnamment fidèle à ses chefs gaëls ou anglo-irlandais gaélicisés. Maintenant que ces chefs étaient vaincus ou morts, allait-il se tourner vers les vainqueurs, adopter leurs coutumes, leur langage, leur religion ? Revendiquer le bénéfice de leurs droits et libertés, oui ; mais, quant au reste, non ; mais bien plutôt cultiver le souvenir d'un Garret Mor Fitzgerald, d'un Hugh O'Neill ou d'un Hugh O'Donnell, et écouter ses prêtres.

CHAPITRE III

DE L'ACHÈVEMENT DE LA CONQUÊTE A LA LOI D'UNION : 1603-1800

I. — La « Plantation » d'Ulster

« On mesure ce que ' le grand O'Neill ' avait accompli, écrit Aidan Clarke, à ce que la guerre de neuf ans se termina non par la punition des rebelles vaincus, mais par un accord négocié. » L'idée que l'on puisse dire d'Hugh O'Neill qu'il avait accompli de grandes choses peut sembler paradoxale à qui ne connaît pas l'Irlande. Mais voilà où Anglais et Irlandais se séparent. Ce que les premiers accomplissent, ce à quoi ils mettent tout leur cœur et toute leur âme, est concret, pratique : ensemble, de génération en génération, ils créent une communauté, des institutions. Les Irlandais ne sont pas indifférents à la réalité concrète et pratique ; mais ils sont au minimum à demi sceptiques devant elle. Est-ce à dire que tout l'accomplissement d'O'Neill était d'ordre esthétique : la beauté d'une action gratuite ? Non : comme Vercingétorix, il avait voulu vaincre, et, dans un pays plus rebelle aux Anglais que la Gaule ne le fut aux Romains, il devait continuer à inspirer non seulement les poètes, mais les hommes d'action.

Quand O'Neill apprit qu'il avait fait sa soumission à Elizabeth alors qu'elle était déjà morte, il pleura : elle aurait la gloire de l'avoir vaincu ; pas lui, celle d'avoir résisté jusqu'au bout à son ennemie. Il pensait aussi que le nouveau roi, Jacques Ier, lui aurait accordé des conditions plus favorables. D'autres Irlandais se faisaient des illusions semblables sur le fils de Marie Stuart. Dans les villes principales du Munster, et aussi à Wexford, à Kilkenny, ailleurs encore, à la nouvelle de son avènement, les prêtres réfractaires à l'anglicanisme reprirent les églises et se remirent à y célébrer la messe. Mountjoy aussitôt parut et rétablit l'ordre. Au bout de deux ans de réflexion Jacques Ier publia une proclamation : il n'y aurait pas de tolérance en contradiction avec la loi ; jésuites et prêtres de séminaires devaient partir. C'était là le principe, qui donnait satisfaction aux Anglais d'Irlande ; cependant quand ceux-ci voulurent pourchasser le clergé catholique, le roi les retint, de sorte que les catholiques ne perdirent pas espoir.

Mais interdictions et menaces, même si l'on est modéré dans leur mise en pratique, ne constituent pas une politique religieuse, et ne peuvent donner aucune vie à une Eglise qui manque de flamme. Sans doute une traduction irlandaise du Nouveau Testament fut-elle enfin publiée en 1603 ; mais, si Spenser était revenu, il aurait encore pu déplorer, comme il l'avait fait dix ans plus tôt, l'ignorance et l'apathie de nombre de pasteurs, « gras et oisifs dans leur nid bien chaud » ; il aurait aussi pu renouveler l'avertissement qu'il avait au même moment adressé à ses compatriotes : « Les lois devraient s'adapter aux mœurs et aux conditions de vie des hommes à qui elles sont destinées. »

L'anglicisation de l'Ulster commença en 1605 sur l'initiative privée de deux Ecossais roublards et énergiques, qui se firent donner de vastes terres et y organisèrent méthodiquement l'installation de nombreux compatriotes. Leur exemple fut suivi : en l'espace d'une génération une grande partie de l'Antrim aussi bien que du Down allait devenir une sorte d'annexe des Lowlands d'Ecosse.

La division de l'Ulster en comtés était devenue effective dès la soumission d'O'Neill et d'O'Donnell. Ceux-ci, désespérant de leur cause, ou espérant peut-être contre toute espérance trouver de l'aide auprès du pape ou en Espagne, firent en secret venir un navire de France et partirent subitement à son bord en septembre 1607 avec une suite d'une centaine de personnes. La « fuite des comtes » fut considérée comme un aveu de trahison. On ne tarda pas à en tirer les conséquences : en 1609 fut publié un projet de « plantation » touchant les comtés d'Armagh, Cavan, Coleraine (appelé ensuite Londonderry), Donegal, Fermanagh et Tyrone. Dans chacun d'eux un territoire restreint fut assigné aux « indigènes méritants ». Le reste était attribué, comme lors des plantations précédentes, à des « entrepreneurs » qui étaient tenus d'amener des tenanciers anglais ou écossais protestants, de constituer des dépôts d'armes et de veiller à la construction de maisons de pierre ou de brique — alors qu'il n'y avait guère jusque-là que des cabanes de planches ou de paille —, et de châteaux et de fortifications. On proposa à la Cité de Londres de participer à la plantation. Elle organisa une sorte de société par actions avec l'aide de ses diverses corporations, envoya deux cents ouvriers ouvrir des chantiers à Derry et Coleraine, et installa elle aussi des colons. Les noms de Londonderry (qui remplaça celui de Derry), de Draperstown et de Salterstown, commémorent cette entreprise. L'interdiction d'engager des tenanciers irlandais ne fut pas toujours respectée ; mais de nombreux Anglais et surtout de nombreux Ecossais des Lowlands s'installèrent dans cette province qui avait été ravagée et dépeuplée. A une population pastorale gaèle et catholique se substitua ou s'ajouta une population agricole anglo-saxonne, anglicane ou presbytérienne, en tout cas très protestante, totalement étrangère à l'Irlande. Pour la première fois une plantation allait réussir ; pour la première fois une colonie anglaise allait s'implanter dans les campagnes, ajoutant une nouvelle complication au problème irlandais.

Bien qu'il en prît beaucoup plus à son aise en Irlande qu'en Angleterre, le gouvernement ressentit le besoin de faire approuver sa politique par le Parlement irlandais, qu'il n'avait pas réuni depuis 1586. Grâce aux pairs spirituels, il disposait d'une majorité assurée à la Chambre des Lords ; mais il érigea quarante nouveaux bourgs en municipalités pour se donner également une majorité protestante à la Chambre des Communes. La protestation des catholiques fut si vigoureuse que le gouvernement dut battre en retraite et renoncer à ses projets de loi en matière religieuse, moyennant quoi il obtint un arrêt condamnant les comtes à la perte de leurs droits et à la confiscation de leurs biens ; mais cette session marqua une étape vers la constitution d'une alliance entre les Irlandais et les « Anciens Anglais », comme eux restés catholiques.

Pendant tout le règne de Jacques Ier la politique anglaise eut pour effet principal de diviser et d'affaiblir cette classe d' « Anciens Anglais » qui aurait pu servir d'intermédiaire entre l'Angleterre et l'Irlande. D'ailleurs, si l'on avait pu dire de certaines familles normandes qu'elles étaient devenues « plus irlandaises que les Irlandais », souvent les familles anglaises plus récemment installées en Irlande se montraient à certains égards plus anglaises que les Anglais. C'est ainsi qu'en 1615 le premier synode de toute l'Eglise d'Irlande adopta des « articles » de religion plus nettement calvinistes que les trente-neuf articles de l'Eglise d'Angleterre.

Les pressions exercées sur les « Anciens Anglais » eurent pour effet d'en amener un certain nombre dans l'Eglise d'Irlande — l'héritier de la branche aînée des Butler par exemple — mais elles durcirent les autres dans leur mécontentement. La mise en question de leurs titres de propriété, destinée à augmenter les revenus de la couronne, aggrava encore la situation. Pendant ce temps l'Eglise catholique continuait à s'organiser en liaison intime avec le catholicisme continental (1).

En 1625, Charles Ier succéda à Jacques Ier. Ses besoins financiers dictèrent sa politique irlandaise. Il obtint l'argent qui lui était nécessaire au prix de promesses qu'il ne tint pas. En 1633, il envoya pour gouverner l'Irlande un administrateur apparemment efficace, Thomas Wentworth, qui était décidé, en accord avec l'archevêque Laud, à briser dans l'ensemble des îles Britanniques toute opposition à l'autorité absolue de la couronne. « Toute sagesse, écrivait-il, conseille de maintenir ce royaume dans la plus grande subordination et dépendance possible à l'égard de l'Angleterre... Si nous empêchons (les Irlandais) de travailler la laine... comment pourraient-ils se séparer de nous sans être dans le dénuement et la mendicité ? » Une conception analogue de la sagesse en matière de religion fit

(1) Le premier collège irlandais du continent ouvrit à Douai vers 1577. Puis ce fut le tour de Bordeaux, de Paris, de Lille, Louvain, Rome, etc.

chasser d'Ulster de nombreux ministres presbytériens qui jusque-là avaient pu jouir de bénéfices de l'Eglise d'Irlande.

II. — La Confédération de Kilkenny

Quand les Ecossais se soulevèrent, et que, devant les demandes financières de Charles Ier, le Parlement anglais se cabra, Wentworth, maintenant comte de Strafford, leva des régiments d'Irlandais catholiques pour ramener les rebelles à l'obéissance. Tant qu'il avait été puissant, l'Irlande avait paru soumise et docile ; mais des préparatifs d'insurrection commençaient maintenant dans toute l'île. Ce qui différenciàit le mécontentement irlandais du mécontentement écossais, et le rendit particulièrement désastreux, c'est qu'il avait plusieurs formes : les habitants de l'Irlande étaient divisés en quatre groupes aux intérêts tout à fait distincts : les Irlandais de vieille souche, les « Anciens Anglais », les Anglais d'Irlande, et les presbytériens d'Ulster.

Une révolte éclata en 1641. Les insurgés appartenaient à la population vieille irlandaise dont la docilité avait paru assurée à Wentworth.

Il est vrai que les Irlandais ont pu, au cours de l'histoire, frapper l'observateur par une certaine forme de docilité ; mais Wentworth n'était ni le premier ni le dernier à se méprendre profondément sur leur compte et à penser que l'idée même d'une résistance irlandaise était absurde, maintenant que la société gaélique n'existait plus. Or la fin de cette société, la fermeture de ses dernières écoles bardiques avaient été bientôt suivies par l'apparition d'un groupe étonnant de prosateurs et par l'éclosion soudaine d'une forme de poésie toute nouvelle.

Les difficultés, pourtant, ne manquaient pas. Le grand érudit James Ussher lui-même avait fait fermer impitoyablement les écoles irlandaises dirigées par des catholiques, quand il s'était trouvé à la tête d'une commission d'enquête sur l'enseignement. Sa raison : « La religion des papistes est superstitieuse et idolâtre ; leur foi et leur doctrine sont erronées et hérétiques, leur Eglise à ces deux égards apostate », proclamait-il en 1627, en qualité de primat de l'Eglise d'Irlande. Mais, en 1620, un moine franciscain du Collège irlandais de Louvain, Michael O'Clery, avait été renvoyé en Irlande par son supérieur pour recueillir les manuscrits gaéliques en danger. De 1632 à 1636, il avait dirigé au couvent de Donegal la compilation des fameuses *Annales des quatre maîtres.* A propos de la « fuite des comtes » il jetait ce cri : « Malheur au cœur qui médita, malheur à l'esprit qui conçut, malheur au conseil qui arrêta le projet de leur départ pour ce voyage, sans savoir s'ils reviendraient jamais dans les principautés et patrimoines de leur naissance. » Dans sa dédicace à Fergal O'Gara il disait encore : « Vous êtes de la race d'Heber (1), qui donna à l'Irlande trente monarques, et dont soixante et un membres sont morts en odeur de sainteté. » Pure littérature ? C'est l'erreur qui a souvent été commise de ne pas voir le rôle que la littérature jouait dans l'histoire de l'Irlande.

Au même moment, un prédicateur catholique obligé de se cacher, Geoffrey Keating, concevait le projet d'écrire une histoire de l'Irlande des origines à la conquête normande, parcourait l'île secrètement pour consulter les vieux manuscrits conservés dans les familles gaèles et réalisait peu à peu son projet. Il se plaignait dans son introduction de l'injustice dont étaient victimes tant les « anciens étrangers » comme lui, que les Irlandais eux-mêmes, et s'écriait : « Celui qui fait une conquête chrétienne n'étouffe pas la langue qui précédait son arrivée dans tout pays qu'il soumet... il n'est pas possible de bannir la langue sans bannir le peuple qui la parlait. » Malgré ce que Keating appelait son « bannissement », le gaélique ne mourait pas. Dans la poésie plus encore qu'en prose, il montrait une étonnante vitalité : libérés des mille règles séculaires de leur art en même temps que privés de leurs protecteurs traditionnels, les poètes abandonnaient tout un vocabulaire archaïque que seuls pouvaient comprendre les érudits, et se tournaient vers le peuple. Partout, celui-ci leur faisait bon accueil, et se mettait à chanter leurs vers.

Keating, dont l'*Histoire d'Irlande* devait être copiée à des centaines d'exemplaires, parlait des

(1) Personnage de la légende irlandaise. Un des trois fils de Miledh, qui vinrent d'Espagne en Irlande, et y donnèrent naissance aux familles de rois.

injustices dont les Irlandais étaient victimes. C'est en Ulster, où les injustices avaient été le plus systématiques et le plus efficaces, qu'éclata la révolte de 1641. Les insurgés massacrèrent une dizaine de milliers de colons anglais et écossais, et s'avancèrent en direction de Dublin, où ils comptaient sur l'aide des « Anciens Anglais ». Ceux-ci hésitaient ; mais l'anarchie qui sévissait dans le *Pale*, et, en Angleterre, l'attitude agressivement protestante du « Long Parlement » en décidèrent un grand nombre à se joindre à la rébellion, qui s'étendit alors dans le Leinster, dans le Munster, et enfin dans le Connacht.

En 1642, les insurgés se donnèrent un commencement d'organisation, sur l'initiative de l'archevêque catholique d'Armagh. Une assemblée générale de représentants des circonscriptions parlementaires se réunit à Kilkenny. La « Confédération de Kilkenny » prit pour devise : *Pro Deo, pro rege, pro patria Hibernia unanimis*. Cette devise montrait que si Strafford ne s'était pas entièrement trompé sur le compte des Irlandais catholiques, il les avait vus beaucoup plus simples ou naïfs qu'ils n'étaient en réalité. En fait, elle n'était pas juste : non seulement l'Irlande n'était pas unanime, puisque la Confédération ne comptait que des catholiques, mais les confédérés eux-mêmes n'étaient pas d'accord entre eux. Les « Anciens Anglais » aspiraient à un arrangement rapide avec le roi, tandis que les Irlandais de vieille souche, qui avaient perdu des terres dans des confiscations successives, étaient généralement d'avis de poursuivre la guerre.

Il ne fallait pas compter sur le roi pour débrouiller la situation. Il avait confié le commandement des troupes qu'il avait en Irlande au comte d'Ormonde, chef de la famille Butler, puis l'avait nommé « lord lieutenant », mais sans lui donner d'instructions précises. La guerre civile ayant maintenant commencé en Angleterre, il cherchait avant tout à y amener des troupes dévouées à son service. Ormonde était pris entre les confédérés et des troupes protestantes, principalement presbytériennes et écossaises, qui agissaient en liaison avec les troupes parlementaires anglaises. Un accord qu'il réussit à conclure au nom du roi en 1646 avec les confédérés resta lettre morte : quelques jours plus tard Charles Ier était prisonnier des Ecossais. Il ne s'agissait plus d'un simple conflit irlandais ou anglo-irlandais : Mazarin avait ses agents sur place ; le pape avait le sien, en la personne du nonce Rinuccini qui menaça d'excommunication quiconque accepterait le traité conclu. En juillet 1647, Ormonde, écœuré, quittait l'Irlande. Il avait choisi ce qui lui semblait le moindre de deux maux en transmettant ses pouvoirs aux représentants du Parlement anglais. Deux ans se passèrent, remplis de négociations et d'hostilités confuses. Mais en Angleterre Charles Ier perdait en 1648 la seconde guerre civile ; le 30 janvier 1649, il était décapité. En août de la même année Cromwell et 12 000 hommes dont 3 000 « Côtes de Fer », arrivaient à Dublin. Tout allait changer de face.

A ce moment Ormonde lui-même était de retour en Irlande, en fidèle serviteur du futur Charles II ; en janvier il avait signé un nouveau traité avec les confédérés ; mais, désavoué par son maître, mal soutenu par ses alliés, il ne pouvait sauver l'Irlande de la vengeance divine dont Cromwell se considérait comme l'exécuteur. Moins d'un mois après son arrivée celui-ci prenait Drogheda et massacrait sa garnison en grande partie anglaise, ainsi qu'un certain nombre de civils catholiques, prêtres ou laïques : au total quelque 3 500 personnes. « Je suis persuadé, écrivit-il alors, que c'est le juste jugement de Dieu sur ces barbares, qui ont trempé leurs mains dans tant de sang innocent. » Il traita ensuite Wexford de la même façon, et publia une déclaration imputant au clergé catholique la responsabilité de la guerre. « Je ne me mêle de la conscience de personne, y disait-il, mais quant à la liberté de célébrer la messe, je dois vous dire que, là où le Parlement anglais a le pouvoir, elle ne sera pas donnée. » Il rentra en Angleterre en mai 1650, laissant à son gendre Ireton le soin de compléter la reconquête du pays. Son nom resta dans la mémoire populaire et dans les lamentations des poètes comme celui du boucher et du persécuteur de l'Irlande, tandis que celui de son principal adversaire, Owen Roe O'Neill, dernier grand représentant de cette famille, s'ajoutait à ceux des héros malheureux des Gaëls.

Cette reconquête fut suivie de la confiscation des terres des Irlandais impliqués dans la révolte, et de la transplantation, ou déportation, de ceux-ci « en enfer ou en Connacht », selon la formule fameuse : en fait, en Connacht ou dans le comté de Clare. Il s'agissait à la fois de punir les rebelles, d'assurer la domination protestante en Irlande, et de régler les spéculateurs qui, en application d'un *Adventurers' Act* de 1642, avaient avancé l'argent nécessaire à la conduite de la guerre. Il n'y eut pas de « plantation » ou colonisation semblable à la Plantation de Jacques Ier en Ulster ; mais un peu plus de la moitié du territoire irlandais, et la plus grande partie des terres fertiles devinrent la propriété de protestants, soit prêteurs, soit vétérans de Cromwell. Le gouvernement reprit les villes qui avaient été tenues par les confédérés, en chassa les catholiques, et y installa des gens sûrs. Galway en particulier, sorte de capitale catholique et gaélique de l'Ouest, fut frappée. Son déclin date de ce temps. Pour se débarrasser des soldats des armées vaincues, on les autorisa à émigrer : il en partit plus de 30 000, dont la plupart allèrent s'enrôler dans les armées continentales. On expédia d'autres gêneurs aux Antilles. Il resta des vagabonds pillards, dont le nom de *tories* devait s'attacher à l'un des partis anglais. Quant aux pauvres, on leur fit grâce. Le Parlement irlandais fut supprimé. L'Irlande avait subi un véritable bouleversement : les « Anciens Anglais » n'avaient plus d'influence ; à la communauté protestante existante, constituée principalement par les petits colons d'Ulster, s'ajoutaient les nouveaux propriétaires, éparpillés dans vingt-six comtés, qui avaient en général de plus grosses exploitations ; ensemble ces deux groupes détenaient les deux tiers des terres, et dominaient l'industrie, du fait tant de leur énergie et de leur esprit d'entreprise que de leurs capitaux. La religion des propriétaires reflétant leur intérêt, le protestantisme des protestants d'Irlande s'accentua encore. La suppression de la hiérarchie dans l'Eglise officielle ne provoqua pas le même ressentiment qu'en Angleterre ; dans le Nord, on laissa désormais les presbytériens en paix.

Cromwell mort, le Parlement anglais et l'armée rappelèrent Charles II de Saint-Germain-en-Laye où il était réfugié avec sa cour depuis 1652. Dans leur souci de conserver leurs terres, les colons se hâtèrent de se rallier au roi, tout en revendiquant le droit de l'Irlande à une législature distincte, où ils savaient qu'ils auraient la majorité. Charles II fit des promesses contradictoires aux colons qui l'avaient rappelé et aux anciens propriétaires, dont certains l'avaient suivi en exil. Il savait bien qu'il devait son retour aux premiers et qu'il ne pouvait guère se permettre d'être en désaccord avec un Parlement entièrement protestant. Le compromis, appelé « acte d'Explication », auquel de longues discussions aboutirent en 1665, ne pouvait qu'atténuer un peu les spoliations de l'époque de Cromwell. En principe, les nouveaux colons restituèrent un tiers de leurs terres. Ils furent naturellement mécontents, et la faveur que Charles II témoigna à des spéculateurs catholiques tels que Richard Talbot les inquiéta, sans faire plaisir, on s'en doute, aux vieilles familles gaèles. Celles-ci avaient été des premières à souffrir dans la guerre de 1641-1649 — en Ulster, certaines avaient été exterminées — après la guerre, elles s'étaient vu prendre leur place, selon l'expression du poète O'Bruadair, par « des voyous sortis de la lie de tous les vils métiers ».

Cependant, s'il y avait beaucoup de mécontentement latent, le calme régnait en surface. En 1661, Ormonde était redevenu « lord lieutenant », et l'on pouvait compter sur lui pour une politique de modération.

Grâce en particulier aux études de l'économiste anglais William Petty, qui continuait à diriger l'opération du cadastre d'Irlande primitivement ordonnée par Cromwell, on peut se faire une idée assez précise de l'état du pays. En 1672, sa population que la guerre, l'exil ou la déportation avaient fait tomber à environ un demi-million, était, pense-t-on, remontée à 1 100 000 habitants, dont 800 000 catholiques, et 300 000 protestants, colons presbytériens d'Ulster pour la plupart. Les protestants détenaient près des quatre cinquièmes des terres cultivables et la petite minorité anglicane de cette minorité protestante était en fait la grande propriétaire foncière comme la maîtresse de l'administration et du commerce. Des 184 000 maisons que comptait le pays, 24 000 seulement avaient au moins une cheminée. Six Irlandais sur sept vivaient, chichement, du produit de la ferme où ils travaillaient, et souvent s'habillaient de ce qu'ils avaient filé et tissé. L'élevage des bovins était important, mais de peu de rapport ; leur importation en Angleterre, qui avait commencé à croître, était maintenant interdite. La pomme de terre, qui allait jouer un si grand rôle dans la vie et dans les malheurs de l'Irlande, avait été introduite vers 1650.

Ormonde était un homme cultivé, un Européen. En exil, il avait connu la France, aussi bien qu'auparavant l'Angleterre. L'influence française se voit dans les transformations et embellissements qu'il opéra à Dublin, petite ville alors pelotonnée autour d'un seul pont, à l'abri de ses murs. On y construisit des quais, quatre ponts de pierre, tout un quartier entre la porte de l'est et le Collège de la Trinité ; près de la ville on dessina un grand jardin, *St Stephen's Green*. Un nouveau théâtre, des cafés s'ouvrirent ; une « Société philosophique » devait se fonder en 1683.

Dès avant l'arrivée d'Ormonde, le roi, suivant la volonté du Parlement, avait rétabli la hiérarchie anglicane, nommé un Anglais disciple de Laud, primat de l'Eglise d'Irlande, interdit aux « papistes, presbytériens, indépendants, anabaptistes, quakers, et autres fanatiques », c'est-à-dire aux neuf dixièmes de la population, de tenir des assemblées. En fait il n'était pas favorable aux persécutions. Ormonde, quant à lui, avait à la fois des convictions plus fermes et plus d'humanité : peu à peu une tolérance de fait s'établit ; peu à peu, à l'exception des quakers, les membres des sectes furent absorbés par l'Eglise catholique, l'Eglise d'Irlande, ou l'Eglise presbytérienne. L'Eglise d'Irlande, et le Collège de la Trinité, où passaient la plupart de ses futurs pasteurs, se réformèrent, sous l'influence d'hommes tels que Jeremy Taylor, qui par ailleurs publièrent enfin une traduction complète de la Bible en gaélique. Cette traduction n'eut pas les effets qu'ils escomptaient ; on ne la lut guère : son origine la rendait suspecte. En 1672, plus par politique que par conviction, Charles II commença à verser un *regium donum* à l'intention des ministres presbytériens de l'Ulster. Les trois communautés confessionnelles catholique, anglicane, et presbytérienne, étaient maintenant bien organisées, et, hélas, parfaitement étanches. Ormonde, lui, savait voir par-dessus les barrières confessionnelles. A peine de retour à Dublin, il avait envoyé des agents en France pour exposer aux huguenots persécutés les avantages qu'ils trouveraient à s'établir en Irlande. Sur ses propres terres, près de Clonmel, il installa cinq cents familles d'artisans wallons. Dès 1666 une chapelle de la cathédrale Saint-Patrick de Dublin était mise à la disposition des réfugiés de langue française.

III. — La bataille de la Boyne

Ormonde était de nouveau *lord lieutenant*, après une période de disgrâce, quand les révélations de Titus Oates à Londres, concernant un prétendu « complot papiste », provoquèrent une flambée anticatholique qui gagna l'Irlande et y causa la perte de l'archevêque d'Armagh, Oliver Plunkett. La fièvre retomba quand on découvrit qu'Oates était un imposteur ; mais il y avait bien, sinon un complot, du moins un grand « projet » catholique, conçu par le frère du roi, le futur Jacques II. Jugé trop anglican, Ormonde fut rappelé en 1685, et, dès la mort de Charles II, le pouvoir de fait passa à Richard Talbot. Celui-ci, bientôt fait comte de Tyrconnell, remplaça les protestants par des catholiques dans l'armée et l'administration ; nommé lord lieutenant en 1687, il chercha à faire élire un Parlement catholique. Effrayés, les protestants passèrent en grand nombre en Angleterre, où leur apparition accrut l'impopularité du roi.

Quand la révolution éclata en Angleterre, en 1688, l'Irlande, tenue par Tyrconnell, ne bougea pas. Cependant, à l'arrivée de troupes royales, la protestante Londonderry ferma ses portes. En mars 1689 Jacques II débarqua, venant de Brest, et avança sur la cité rebelle. Le fameux siège, cher au cœur de tous les « orangistes », commença. Il devait être levé au bout de quinze semaines, quand un navire de secours força le blocus du port. Pendant ce temps, à Dublin, un Parlement catholique, le « Parlement patriote », affirmait son indépendance législative, annulait la législation foncière de Cromwell et de la Restauration, et menaçait de confisquer les terres de tous les protestants.

En août le maréchal de France Schomberg, protestant passé au service de Guillaume d'Orange, débarquait à son tour avec 10 000 hommes, dont un tiers de huguenots. Pendant près d'un an, des deux côtés, on se prépara au combat. Par accord entre Louis XIV et Jacques II une flotte française amena 7 000 hommes bien entraînés, et remmena en France plus de 5 000 Irlandais. Curieuse guerre, où les Irlandais se battaient pour le roi d'Angleterre, où les rebelles étaient les Anglais, où des Français s'opposaient à des Français, où des deux côtés il y avait des persécuteurs et des persécutés, et où une victoire protestante sur les fidèles catholiques irlandais allait être accueillie par des illuminations à Rome, heureuse de ce coup porté à l'indocile et ambitieux Louis XIV. La bataille décisive, que les « orangistes » célèbrent tous les ans par décorations de rues, défilés, fanfares et interminables roulements de tambours, se livra le 1er juillet 1690 sur la Boyne, à une quarantaine de kilomètres au nord de Dublin. Guillaume était là en personne, face à son beau-père Jacques II. Schomberg fut tué, mais le petit fleuve fut franchi par les « orangistes ». Lauzun et ses troupes, qui s'étaient tenus en réserve, empêchèrent une débandade de l'infanterie irlandaise, mal équipée et mal encadrée ; mais la route de Dublin était ouverte, et, quelques jours plus tard, Jacques II se rembarquait pour la France.

Guillaume était pressé de mettre fin à la guerre ; mais les protestants irlandais voulaient écarter définitivement la menace que les anciens propriétaires catholiques faisaient peser sur eux. Une fois de plus cette intraitabilité, cette inhumanité des possédants perpétuaient indéfiniment la division de l'Irlande. La guerre se poursuivit donc, illustrée du côté irlandais par Patrick Sarsfield, qui défendit Limerick avec acharnement, et obtint une capitulation honorable en octobre 1691. Conformément à l'accord conclu, qui permettait aux soldats jacobites d'émigrer, 5 000 Irlandais embarquèrent sur une flotte française de secours qui venait d'arriver — trop tard. 6 000 autres devaient les rejoindre en France, amenés par des bateaux anglais. Ainsi se trouvait définitivement constituée la fameuse « brigade irlandaise », qui devait s'illustrer en particulier à la bataille de Fontenoy (1745), et qui devait être continuellement renouvelée, d'abord par l'action d'agents recruteurs, puis par l'arrivée d' « oies sauvages » individuelles. Elle ne devait disparaître qu'en 1791 — un siècle exactement après le traité de Limerick — dissoute par l'Assemblée Nationale, à peu près au moment où devaient fermer ces collèges irlandais de Paris, Nantes, Bordeaux, Douai, Toulouse et Lille, d'où venait plus de la moitié du clergé catholique irlandais.

IV. — Les « lois pénales »

Après avoir tremblé, les propriétaires protestants triomphaient. Descendants pour la plupart des colons de la période Tudor et du XVIIe siècle, tous de langue anglaise, presque tous anglicans, du moins ceux qui avaient quelque influence, ils constituaient ce que l'on allait appeler la *protestant ascendancy*, la classe dominante protestante. Bien que personnellement porté à la tolérance et à la modération, Guillaume III n'osa pas leur tenir tête. Sous leurs attaques les clauses civiles du traité dit « de Limerick », de 1691, ne furent ratifiées par le Parlement irlandais qu'en 1697, et sous une forme mutilée. De nouvelles confiscations ne laissèrent plus aux catholiques qu'un septième du territoire de l'Irlande ; aux descendants des Gaëls, presque rien. Dès 1691 une loi anglaise exlut les catholiques du Parlement. A partir de 1695 furent votées, contre les catholiques, les lois dites pénales qui allaient bannir les évêques et le clergé régulier, et ne laisser dans chaque paroisse qu'un prêtre, en principe assermenté, à la liberté surveillée. Elles allaient priver les catholiques du droit de vote, leur interdire tout grade dans l'armée et la marine, les exclure de l'administration et de la magistrature, les brimer dans leurs affaires et dans l'éducation de leurs enfants, réduire encore leurs propriétés éventuelles par tout un jeu de restrictions et d'interdictions. À la différence de la législation française contre les huguenots qui leur servait de modèle, ces lois visaient non l'ensemble d'une minorité, mais surtout la classe dirigeante de la majorité ; elles procédaient d'une volonté de domination, non d'uniformisation ; elles ne cherchaient pas à convertir, mais à rabaisser, à affaiblir.

L'oligarchie anglicane n'était pas mieux disposée à l'égard des presbytériens d'Ulster. En 1704, sous le règne de la reine Anne, elle réussit à les exclure de l'administration centrale et municipale, en imposant à ce niveau un test concernant la communion ; elle fit même supprimer le *regium donum* en 1714. Ils conservèrent cependant leurs droits de propriété, le droit de vote, et l'éligibilité au Parlement.

L'histoire de l'Irlande au XVIIIe siècle ne devait pas connaître de bouleversements semblables à ceux des siècles précédents. Cela se comprend : la société gaèle était, sinon totalement détruite, du moins désorganisée et paralysée ; presque tout l'argent, presque toutes les terres, presque tout l'équipement, toutes les armes, étaient entre les mains d'une seule classe, très minoritaire, mais qui avait derrière elle toute la puissance de l'Angleterre. A première vue, cette histoire, du moins jusqu'à la guerre d'indépendance américaine, se réduit presque à l'histoire de cette *ascendancy*, de sa culture, de « son » Parlement, et de ses relations avec l'Angleterre. N'ayant plus à redouter les Irlandais, les Anglo-Irlandais se mettent à parler de l'Irlande d'une façon nouvelle, un peu comme si l'Irlande, c'était eux. Dès 1698, William Molyneux écrivait un livre sur *La cause de l'Irlande : exposé sur sa dépendance à l'égard du Parlement anglais*, dans lequel il revendiquait pour son Irlande l'indépendance législative. Il omettait de dire que cette indépendance impliquait la soumission et le désarmement, grâce à l'Angleterre, de ces êtres étranges que sa classe sociale et politique appelait avec un peu de mépris « les Irlandais ». D'autres hommes politiques ou écrivains allaient comme lui s'approprier l'Irlande. Chez Swift, à la lucidité terrible, que les Anglais laissaient contre son gré en Irlande dans son doyenné de Saint-Patrick, quelle ironie, ou quel rêve, quand, dans une des ses *Lettres du Drapier*, adressées à ses « chers compatriotes », c'est-à-dire à « tout le peuple d'Irlande », il déclare que : « Par les lois de Dieu, de la Nature et de votre propre pays, et par le droit des gens, vous êtes et devriez être un peuple aussi libre que vos frères d'Angleterre. » Il était amené à défendre la cause d'une nation pour laquelle il n'avait pas de sympathie. Il réussit de haute lutte à faire rapporter le privilège de frappe de monnaie que l'Anglais Wood utilisait pour s'enrichir aux dépens de l'Irlande ; surtout il contribua à éveiller la conscience politique de ses « compatriotes » en dénonçant leur exploitation économique par l'Angleterre. Les Dublinois, si sensibles, comme tous les Irlandais, à la parole enflammée, reconnurent dans l'anonyme « Drapier » le doyen de Saint-Patrick, et en celui-ci, leur porte-parole. Publiée en l'année de famine 1729, sa *Modeste proposition pour empêcher les enfants des pauvres d'être à charge à leurs parents ou à leur pays*, dans laquelle il suggérait de faire de ces enfants un mets délicat pour les riches, devint en un jour propriété publique.

On a noté des traces d'influences irlandaises dans l'œuvre de Swift ; on a dit que la réduction opérée par Berkeley de la réalité à des esprits et des idées était une philosophie bien irlandaise. Mais, de leur côté, Swift et Berkeley au début du siècle, comme, à sa fin, l'architecte James Gandon, qui construisit la Douane et le Parlement de Dublin, contribuaient à implanter l'Angleterre en Irlande. Dublin s'ornait de maisons « Guillaume et Marie », puis de maisons georgiennes ; Castletown et d'autres belles demeures de campagne auraient pu être construites en Angleterre.

Dans les villes, autour de la colonie protestante anglo-irlandaise, vivaient des catholiques, domestiques, artisans, commerçants et négociants. Au cours du siècle bon nombre de bourgeois catholiques s'enrichirent et s'anglicisèrent. Les riches, propriétaires fonciers ou employeurs, surtout les plus anglicisés, réclamèrent, en protestant de leur loyalisme, les droits dont jouissaient les anglicans. « S'ils s'étaient unis pour prendre la responsabilité d'améliorer les conditions de vie de leurs coreligionnaires, écrit Maureen Wall, il y aurait eu là un phénomène rare dans l'histoire » (1).

La plupart des Irlandais catholiques contestaient la société anglaise et sa justice. Les violences des *rapparees*, même les tentatives de destruction systématique du bétail par les *Houghers* dans le Connacht en 1711-1713, pour protester contre l'extension des pâtures, restaient sans grande portée politique. Mais une société proprement irlandaise continuait à vivre. L'aristocratie catholique avait presque disparu. Certains de ses survivants, aussitôt stigmatisés des noms de *soupers* (soupeurs) ou *perverts* (apostats), s'étaient convertis ou peut-être simplement « conformés » à l'anglicanisme ; il en émigrait un plus grand nombre. Il subsistait, loin des villes, quelques *big houses* catholiques, des maisons grandes surtout, parfois, par le respect qui les entourait. Y vivaient des descen-

(1) *The Formation of the Irish Economy*, edited by L. M. Cullen, p. 51.

dants des familles nobles, qui, un peu par hasard, avaient échappé à l'extermination, et avaient été moins atteintes par les confiscations. Ces hommes étaient en un sens les maîtres de leur région. Les catholiques avaient aussi leurs prêtres, même leurs évêques, bannis en 1697, mais bientôt de retour ; si les églises étaient maintenant la propriété des anglicans, là où ceux-ci existaient, ils avaient, eux, leurs « maisons de messe », leurs chapelles, qui, le dimanche, ne pouvaient contenir la foule des fidèles. On disait aussi la messe en plein air. Si les ordres religieux étaient interdits, si les anciens monastères étaient en ruines, des communautés avaient survécu, dont les frères apportaient leur concours au clergé séculier (1). Certains jours de l'année, prêtres et frères recevaient les confessions chez des fidèles choisis à tour de rôle. C'était la fête des « stations ». On allait à des pèlerinages traditionnels, d'où l'on rapportait des croix de bois naïvement sculptées. Le clergé instruisait les fidèles, les soutenait, maintenait leur cohésion, mais sans leur apporter de doctrine politique. Seul, il n'aurait pu assurer la survivance de toute la tradition irlandaise, car il était formé sur le continent, et ses chefs étaient aussi loyalistes que les bourgeois et les propriétaires ; mais il avait auprès de lui les maîtres du savoir et les poètes. Comme l'a écrit Alice Stopford Green, « en Irlande la force nationale qui a dominé les autres, c'est celle d'une grande tradition littéraire ». Les écoles bardiques n'existaient plus ; mais les lettrés, les poètes étaient allés vers le peuple ; ils l'instruisaient comme ils pouvaient (2), le distrayaient, et le faisaient chanter ; ils se rencontraient aussi dans des « cours de poésie » pour réciter et discuter leurs compositions, ou échanger leurs manuscrits. La tradition, faite de légende, d'histoire et de mythe, vivait toujours et se faisait moins aristocratique : à Finn Mac Cool, à Hugh O'Neill, venaient se joindre Sarsfield et le *rapparee* poète Edmund O'Ryan, « Edmond de la Montagne ». C'était chez le peuple et par les poètes qu'Erin continuait à vivre, sous les traits d'une belle jeune femme, persécutée mais indomptable.

Outre cette « Irlande cachée », qu'a fait connaître Daniel Corkery, il y avait encore les presbytériens. Ils avaient une tradition toute différente, mais une cohésion égale. C'étaient de bons travailleurs, unis, non par l'amour de la parole et

(1) Il semble qu'on n'ait jamais cessé de dire la messe dans certaines abbayes, comme celle de Ballintober, en Mayo.

(2) Dans les *hedge schools*, c'est-à-dire le long des haies — ou dans des granges.

le respect des lettrés et du clergé, comme les catholiques, mais par la lecture et l'explication de la Bible et l'étude de textes pratiques. Ils avaient la force que donnent l'habitude de l'organisation et le sens de la démocratie concrète. Ils eurent un grand avantage, celui que leur donna le développement en Ulster de l'industrie du lin.

Il y avait longtemps que l'on cultivait et que l'on filait le lin en Irlande ; mais la création d'une véritable industrie nationale du lin fut l'œuvre de Louis Crommelin, huguenot originaire de la région de Saint-Quentin, qui, pour compenser l'interdiction des exportations de lainages irlandais, fut autorisé en 1700 à faire venir de France, ou de Hollande, d'autres familles d'artisans huguenots, du matériel, des rouets. Dès 1707 le Parlement irlandais lui adressait ses remerciements ; à sa mort, en 1727, la valeur des exportations de lin était passée de 6 000 à 200 000 livres ; à la fin du siècle elle représentait le tiers de la valeur totale des exportations. Or cette industrie était une industrie domestique ; elle fournissait une seconde source de revenus aux fermiers, c'est-à-dire à toute une communauté.

Malgré cet avantage, malgré l'*Ulster tenant right* — des conditions de fermage, dues à la simple coutume, meilleures que celles qui prévalaient dans le reste de l'Irlande —, les presbytériens ressentaient durement les brimades dont ils étaient l'objet. Vers 1717 s'établit un courant d'émigration presbytérienne vers les colonies d'Amérique ; après 1770 il partait tous les ans d'Ulster 12 000 mécontents, qui devaient jouer un grand rôle dans la guerre d'Indépendance.

Le protectionnisme anglais et le manque de capitaux dû à la faiblesse générale de l'industrie et surtout à l'absentéisme des propriétaires fonciers, qui dépensaient leurs fermages en Angleterre, ralentissaient le développement de l'économie irlandaise. L'abandon de la culture pour l'élevage s'accéléra en 1759, lorsque les exportations de bétail devinrent libres. De nombreux fermiers furent expulsés ; le *Village abandonné* de Goldsmith (1770) se retrouvait à beaucoup d'exemplaires. Des sociétés secrètes d'action directe telles que les *Whiteboys* essayèrent d'intimider et de terroriser les propriétaires.

Grâce à l'agronome anglais Arthur Young, nous possédons un tableau détaillé de l'Irlande dans les années 1776-1779. Il montre que le développement du commerce avait beaucoup plus profité aux villes qu'aux campagnes, et proteste contre les lois pénales, qui découragent les catholiques de travailler, contre la dîme qu'ils ont à payer pour faire vivre le clergé anglican, contre l'absentéisme de beaucoup de *landlords*, contre la brutalité et le despotisme de beaucoup d'autres ou de leurs gérants. Il trouve l'agriculture irlandaise arriérée, décrit les chaumières, généralement d'une seule pièce, sans fenêtre, sans cheminée, et dont la porte reste fermée parce que « la fumée réchauffe », les travaux des champs, les labours, la charrue attachée à la queue du cheval. Enfin il décrit les paysans eux-mêmes, buveurs, querelleurs, secrets, rancuniers, et pourtant sociables, amateurs de musique et de danse, et beaucoup plus gais que la moyenne des paysans anglais.

Au moment où Young voyageait en Irlande, la politique anglaise à l'égard de celle-ci se modifiait, surtout à cause de la guerre d'indépendance des colonies d'Amérique, modèle dangereux pour les mécontents presbytériens et catholiques ; à cause aussi de l'alliance conclue entre ces colonies et la France, qui pouvait envoyer ses troupes, dont la « brigade irlandaise », prendre l'Angleterre à revers. Un parti « patriote » protestant se constituait peu à peu ; sous la direction d'Henry Flood et d'Henry Grattan ; ce parti se faisait entendre au Parlement, dont la Révolution de 1688-1691 avait accru l'importance.

En avril 1778, le corsaire Paul Jones parut devant Belfast, et s'empara d'un navire anglais. La réaction des presbytériens fut prompte, car s'ils avaient eu de la sympathie pour les Américains, ils avaient pour la plupart changé d'attitude depuis que les rebelles avaient l'appui des Français, « ces ennemis déclarés de nos libertés et de la religion ». Une armée de « Volontaires irlandais », exclusivement composée de protestants, se constitua. La présence de ces volontaires donna une force nouvelle aux revendications des « patriotes » au Parlement. Le gouvernement de Lord North fit des concessions à la fois aux patriotes et aux catholiques, dont l'appui lui était aussi nécessaire, et parmi lesquels il comptait recruter des soldats. En 1779, il libéra presque entièrement le commerce extérieur ; de 1778 à 1782 il atténua les lois pénales. En février 1782, la Convention de délégués des volontaires de l'Ulster, réunie à Dungannon écrivait aux parlementaires « patriotes » : « Nous connaissons notre devoir envers notre souverain, et nous sommes loyaux. Nous connaissons nos droits propres, et nous voulons être libres. Nous revendiquons nos droits. » En mars le ministère North tombait ; les *whigs* prenaient le pouvoir. Aussitôt était abrogée une loi par laquelle le Parlement anglais s'était en 1720 donné pleine autorité pour légiférer pour l'Irlande, tandis que la fameuse loi Poynings de 1495 était fortement modifiée. Une déclaration d'indépendance fut votée à l'unanimité par la Chambre des Communes de Dublin. C'est alors que Grattan s'écria : « L'Irlande est maintenant une nation. » Une ère nouvelle semblait commencer, que l'on devait appeler celle du « Parlement de Grattan ». Mais le pouvoir restait au vice-roi.

V. — Le « Parlement de Grattan » Les « Irlandais unis ». La loi d'Union

Cette ère nouvelle ne devait durer que dix-huit ans. Les « patriotes » chantaient victoire sans bien se rendre compte que la « Constitution de 1782 », comme on dit, était le fruit de circonstances particulières, et que l'Irlande à laquelle Grattan souhaitait éloquemment la perpétuité ne pouvait, à perpétuité, se limiter à l'Irlande protestante qu'ils représentaient. Moins d'un an plus tard, ils étaient eux-mêmes divisés. Flood contestait l'interprétation optimiste de la nouvelle situation constitutionnelle et mettait imprudemment en lumière les divergences qui existaient entre la classe des propriétaires protestants, les Volontaires, et les catholiques organisés. Ce n'était pas pour perpétuer les privilèges des protestants que ces derniers avaient soutenu les « patriotes » ou demandé à s'enrôler dans les rangs des Volontaires. Or si Grattan était disposé à faire de larges concessions aux catholiques, Flood et la plupart des protestants n'étaient pas prêts à le suivre dans cette voie. L'année 1783, où la faiblesse du gouvernement anglais et de ses représentants à Dublin aurait donné à une Irlande unie l'occasion de marquer sa volonté, vit au contraire la fin de l'alliance du Parlement et des Volontaires. A partir de 1784, sous la direction du second Pitt, ce fut la volonté anglaise qui s'affirma.

En cette année fut votée une loi, dite loi Foster, d'encouragement à la culture. Elle réussit à augmenter les emblavures, mais sans améliorer la condition paysanne. Depuis une dizaine d'années le taux d'accroissement de la population s'élevait. Certains en voient la cause dans l'extension de la culture de la pomme de terre, qui, en beaucoup de

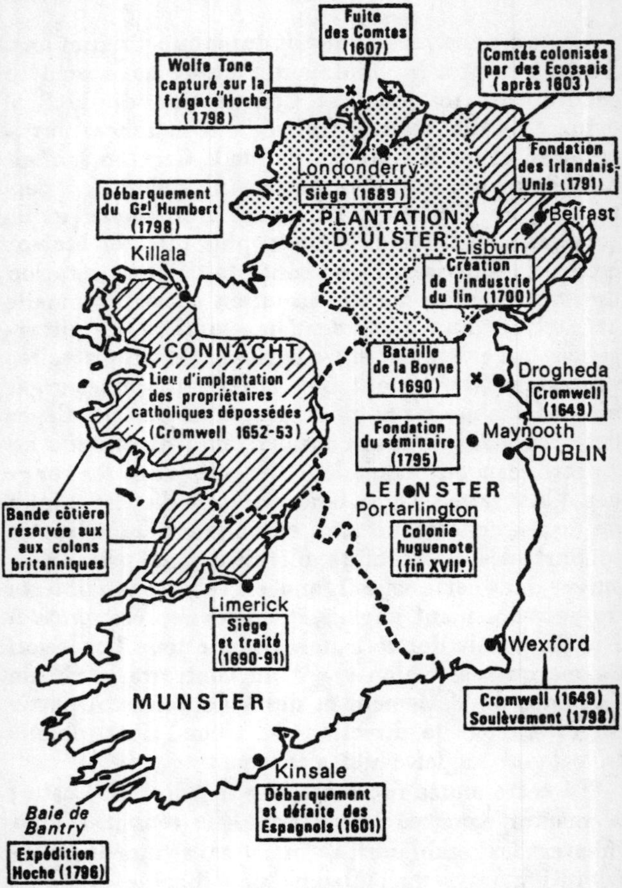

Fig. 3. — L'Irlande aux XVIIe et XVIIIe siècles

régions, constituait maintenant, avec le petit lait, l'essentiel de l'alimentation des paysans. En tout cas seule la pomme de terre leur permit de subsister, car leur élevage ou leur culture de céréales servait à payer leur fermage, et ils n'avaient pas d'argent.

Si le peuple des campagnes restait misérable, il y avait pourtant des signes de prospérité, surtout depuis le retour de la paix. Les terres cultivées s'étendaient ; un marché intérieur s'organisait ; les exportations de lin s'accroissaient ; l'industrie se développait et se diversifiait, enfin protégée dans plusieurs cas contre la concurrence britannique elle-même : non seulement celles de la laine et du lin, mais aussi celles de la brasserie, du coton et du verre. Dublin s'embellissait des œuvres de Gandon : la Douane, les « Quatre Cours (de justice) », le Parlement.

La Révolution française provoqua beaucoup d'effervescence et d'enthousiasme en Irlande comme ailleurs ; finalement, elle devait exciter les mécontents, faire éclater les divergences d'intérêt et aussi les différences profondes de mentalité. Des intellectuels de Dublin, des presbytériens de Belfast constituèrent des clubs, discutèrent, souvent naïvement, de réformes profondes. L'opposition libérale dirigée par Grattan se serait presque contentée de l'indépendance législative qu'elle avait obtenue ; elle s'étonnait d'être peu suivie dans le pays. Grattan déclarait que les intérêts de l'Irlande et ceux de l'Angleterre étaient inséparables ; il protestait surtout contre la corruption et réclamait une « purification » du Parlement. Mais sa popularité avait beaucoup baissé. Dès 1789, le *lord chancellor* d'Irlande, John Fitzgibbon, lançait un avertissement aux réformistes enthousiastes de la liberté : « La seule garantie de votre liberté, c'est votre lien avec la Grande-Bretagne. » Quant à Pitt, qui avait déjà en 1784 proposé un traité commercial liant fortement l'Angleterre et l'Irlande, la Révolution devait le convaincre de la nécessité d'une union entre les deux pays, seul moyen de tenir en main la majorité catholique de l'Irlande.

En dehors du Parlement, les Volontaires auraient pu constituer la principale force politique du pays. A l'origine ils avaient été, selon l'expression de Grattan, « la propriété nationale en armes » ; on avait ensuite admis dans leurs rangs des presbytériens, puis, en certaines régions, même des catholiques. Le chef qui manquait aux admirateurs de la Révolution française se manifesta en la personne de Theobald Wolfe Tone, jeune prostestant dublinois, impétueux et enthousiaste. En 1790, il composa un opuscule dans lequel il disait que les Irlandais opprimés des deux bords, catholiques et protestants, devaient s'unir pour réclamer l'émancipation catholique et la réforme parlementaire.

En octobre 1791 Tone, invité à Belfast, y fonda un premier groupe d' « Irlandais unis ». De retour à Dublin, il fut pris comme secrétaire par un « Comité catholique », qui réunit une convention et envoya une délégation à Londres. Sentant venir la guerre avec la France, l'Angleterre avait besoin de se concilier les catholiques : une loi de 1793 leur rendit la plupart de leurs droits civiques et leur donna le droit de vote aux mêmes conditions qu'aux protestants. Ils restaient exclus du Parlement, de la magistrature et des hautes fonctions politiques.

La guerre avec la France donna un nouveau tour aux événements. Malgré son nom, la société des « Irlandais unis » restait essentiellement protestante. Chacun de leur côté, Tone et le gouvernement, recherchaient l'appui de la paysannerie catholique ;

mais les catholiques étaient mis en garde par leurs prêtres contre le déisme ou l'athéisme des révolutionnaires, et, dans le sud de l'Ulster, tenanciers protestants et catholiques se trouvaient en concurrence et constituaient des bandes rivales. En septembre 1795, le soir même d'une bataille entre les « Gars du Point du Jour » et les « Défenseurs », prit naissance la « Société d'Orange » (plus tard « Ordre d'Orange »), qui se donnait pour but de « maintenir les lois du pays et la constitution protestante, et de défendre le roi et ses héritiers tant qu'ils maintiendront la domination protestante ». Un tel sectarisme était bien fait pour embarrasser le gouvernement : pour Tone, c'était la négation même de son idéal. Voulant donner une couleur nationale à leur mouvement, les chefs des Irlandais unis prirent une harpe pour emblème. En juillet 1792, coïncidant avec le troisième anniversaire de la prise de la Bastille, avait été organisée par des patriotes à Belfast une grande fête de la harpe, à laquelle avaient participé dix vieux harpeurs. Mais la France fermait les collèges irlandais grâce auxquels tant de futurs prêtres irlandais avaient reçu une certaine imprégnation libérale. Plus avisé, le gouvernement anglais permit, en 1795, la fondation du séminaire de Maynooth, qui prit le relais. Il cherchait à se concilier les catholiques irlandais sans s'aliéner les protestants, et surveillait attentivement les agissements des Irlandais unis, dont il avait interdit les meetings dès 1794. Condamné à la clandestinité, le mouvement devenait franchement révolutionnaire et s'armait systématiquement. Redoutant une action conjointe de la France et des Irlandais unis, Londres envoya en 1797 avec pleins pouvoirs le général Lake qui exerça une terrible répression préventive, à laquelle s'ajoutèrent les violences d'une nouvelle milice, essentiellement protestante, constituée par les propriétaires protestants. Grattan se retira du Parlement.

A la suite de sa rencontre avec un agent de la Révolution, Tone fut découvert. Par grâce on l'autorisa à émigrer aux Etats-Unis. Il était bientôt en France, où il finit par gagner le Directoire à son projet d'invasion libératrice de l'Irlande ; en décembre une escadre partit de Brest, emportant une armée commandée par Hoche. Elle se perdit dans le brouillard, fut dispersée par la tempête.

En mars 1798, plusieurs dirigeants des Irlandais unis du Leinster furent arrêtés ; en mai, le principal, Lord Edward Fitzgerald était blessé mortellement et capturé. A ce moment la France préparait une expédition non en Irlande, mais en Egypte. Cependant le reste de l'état-major des Irlandais unis décida de passer à l'action, car peu à peu le gouvernement mettait la main sur les dépôts d'armes que le mouvement avait constitués. Il y eut essentiellement deux soulèvements, tout à fait distincts : dans le Sud-Est un soulèvement de paysans catholiques dirigé par des prêtres ; dans le Nord-Est un soulèvement protestant, dirigé par un industriel et un drapier. Le premier fut particulièrement sanglant, et férocement réprimé après la bataille de Vinegar Hill. A la fin de juin 1798, tout était terminé. Tone était en France pendant ce temps, toujours actif ; deux petites expéditions françaises se préparaient. La première partit en août : 1 100 hommes commandés par le général Humbert débarquèrent à Killala, dans le Mayo, et s'avancèrent vers l'intérieur. Les affiches révolutionnaires et anticléricales qu'ils apportaient ne pouvaient gagner à leur cause la paysannerie catholique. Encerclés par des forces supérieures, ils durent se rendre au bout de trois semaines. Tone participa en personne à la seconde expédition, qui partit deux mois plus tard : battus par une escadre anglaise, la plupart des vaisseaux français, dont le *Hoche*, sur lequel était Tone, furent capturés ; reconnu sous son uniforme français, Tone se trancha la gorge pour éviter la potence. Les hommes qu'il avait voulu unir étaient restés divisés ; ceux qu'il avait voulu libérer — les catholiques, en particulier — l'avaient accueilli avec méfiance, les paysans aussi bien que le clergé. Pourtant son nom allait enrichir le mythe d'une Irlande miraculeusement libérée de la domination anglaise.

Le soulèvement et les tentatives d'invasion de 1798 achevèrent de convaincre Pitt de la nécessité de la fusion en un seul des Parlements d'Angleterre et d'Irlande. Du point de vue britannique, il y avait là presque une nécessité militaire. Un projet de 1794 d'union économique des deux pays avait échoué en partie à cause des jalousies anglaises à l'égard de l'Irlande ; le projet d'union parlementaire ne rencontra guère d'opposition en Angleterre, où il fut interprété comme un moyen de tenir plus fermement et plus sûrement un pays où il y avait toujours quelque menace de rébellion ; à Dublin, il heurta non seulement les « patriotes » tels que Grattan, mais tous les hommes qui profitaient matériellement de l'existence d'une législature séparée. L'habileté, la corruption finirent par triompher de leur résistance : en juin 1800, en dépit de l'éloquence de Grattan, la loi d'Union était votée par le Parlement de Dublin : l'Irlande enverrait aux Chambres britanniques cent députés et trente-deux lords, quatre lords spirituels, et vingt-huit lords temporels. Il y aurait libre échange entre les deux pays, des droits protecteurs de l'industrie irlandaise subsisteraient pendant une période transitoire de vingt ans. C'était, en fait, la condamnation à terme de cette jeune industrie. Si cette affaire avait beaucoup agité le monde politique de Dublin, et la population des villes en général, elle avait, il faut le dire, laissé l'opinion des campagnes assez indifférente. Face à la politique anglaise, le peuple irlandais ne se reconnaissait guère plus en Grattan qu'il ne s'était reconnu en Wolfe Tone. Personne, encore, ne pouvait parler en son nom.

Pitt avait donné à entendre que l'union parlementaire devait s'accompagner de l' « émancipation catholique », c'est-à-dire de l'éligibilité des catholiques — des possédants catholiques — au Parlement. George III estimant qu'il était constitutionnellement tenu de s'y opposer, Pitt démissionna.

CHAPITRE IV

RECHERCHE DE L'INDÉPENDANCE ET DE L'IDENTITÉ : 1800-1989

I. — O'Connell et l'émancipation catholique

L'union, si union il y avait, ne concernait que la représentation parlementaire. Dans le domaine de l'exécutif, aucune transformation ne l'accompagnait. Sans doute le centre du pouvoir avait-il toujours été Londres, mais l'administration de l'Irlande avait été et demeurait une administration anglo-irlandaise protestante. Dublin perdit son allure de capitale ; pendant quelque temps il n'y eut pas de parti national irlandais à Westminster, et, en Irlande, même plus l'apparence d'une vie politique. Les gouvernants anglais n'allaient jamais en Irlande, et ne connaissaient pas la mentalité irlandaise. Quant aux Irlandais, comment dire ce qu'ils pensaient d'eux-mêmes ? Dans son dernier discours devant le Parlement de Dublin, Grattan avait bien parlé du« peuple», du« caractère du pays » ; il avait affirmé que l'Irlande n'était pas morte, qu'il restait sur ses lèvres« un esprit de vie, sur sa joue, une lumineuse beauté ». Qu'était-ce que l'Irlande ? Que pensait le peuple irlandais de son pays ?

Sans doute avait-il chanté et chantait-il encore des chansons sur Erin, *Cathleen ni Houlihan* ou *Rose la Brune*, qui devait revivre avec l'aide du pape et du roi d'Espagne, sur la *Pauvre Vieille*, pour qui« les Français sont sur la mer», et qui« sera libre de son centre jusqu'à la mer » ; mais on est frappé par l'absence de pensée politique dans ces chansons patriotiques, qui sont des chansons d'amour. Elles font penser à Sarsfield, qui, frappé mortellement au service de la France, s'était écrié :« Si seulement c'était pour l'Irlande ! » Tout en rendant hommage à sa fidélité à Jacques II, Curtis regrette que Sarsfield n'ait pas « mis avant tout l'Irlande et la cause nationale ». Mais pouvait-on parler d'une « cause nationale » à propos de l'Irlande ? Celle-ci n'avait jamais été politiquement unie : l'invasion, la Réforme avaient ajouté des divisions culturelles et religieuses à ses divisions les plus anciennes. En 1801, ce qui frappe l'observateur une fois de plus, ce sont ces divisions, c'est l'absence d'une pensée vraiment nationale.

L'Irlande ne restait pas figée : il y avait eu des mariages entre Gaëls, Normands et Anglais ; le gaélique avait peu à peu reculé devant l'anglais : il n'était plus parlé couramment que par moins de la moitié de la population. Mais les changements qui s'étaient produits ne contribuaient aucunement à faire de l'Irlande une nation. La classe dominante protestante cherchait à conserver ses privilèges ; parmi les catholiques, les propriétaires ruraux et les bourgeois réclamaient leurs droits politiques ; le peuple paysan, dont le nombre augmentait maintenant à une vitesse extrême, subsistait au bord de la famine, grâce à ses pommes de terre, sur des exploitations de plus en plus petites, écrasé sous le poids de fermages souvent dépensés en Angleterre, et sous celui des dîmes collectées au profit du clergé anglican. Seul Wolfe Tone s'était adressé sinon à toutes les classes, du moins à tous les Irlandais, seul il avait eu le vrai souci de la nation irlandaise ; et il était mort.

Si le vote de la loi d'Union laissa le peuple assez indifférent, nombre d'Irlandais eurent le sentiment qu'on les avait dupés en leur faisant croire qu'il serait accompagné de l'émancipation catholique. S'appuyant sur le mécontentement général, quelques survivants des Irlandais unis, dirigés par le jeune Robert Emmet, essayèrent d'organiser un soulèvement, toujours en liaison avec la France ; mais Napoléon, à ce moment, songeait à une attaque frontale de l'Angleterre : l'affaire se solda par une bagarre dans les rues de Dublin. Emmet fut condamné à mort et exécuté ; mais son attitude, les paroles qu'il prononça devant ses juges lui valurent immédiatement une place dans le folklore, le faisant ainsi participer à l'histoire future de l'Irlande.

Tant que dura la guerre avec la France, l'Angleterre dut acheter à l'Irlande beaucoup de produits agricoles. Après 1815, les prix baissèrent, les cultures firent de nouveau place à l'élevage ; les paysans se trouvèrent une fois de plus au bord de la famine. Des sociétés secrètes se reconstituèrent pour agir par la terreur sur les propriétaires. Comment le gouvernement aurait-il pu intervenir en faveur des paysans sans violer les droits de la propriété, les principes sacrés de la libre entreprise ou du « laissez-faire » économique ? Toute sa législation fut répressive. D'autre part, cessant peu à peu, en vertu de la loi d'Union, d'être protégée contre la concurrence britannique, l'industrie irlandaise périclita, sauf en Ulster où, établie et même protégée depuis plus d'un siècle, elle avait eu le temps d'attirer des capitaux et de s'assurer des débouchés.

A Westminster, Grattan réclamait l'émancipation catholique. Le roi, l'Eglise anglicane, la plupart des *tories*, l'Ordre d'Orange s'y opposaient. En 1808, la question prit un aspect nouveau. Pitt avait voulu faire du catholicisme et du presbytérianisme irlandais deux églises « établies », subventionnées par l'Etat en échange d'un contrôle sur les nominations du clergé. En 1808, on apprit qu'en 1799, lors de négociations secrètes, dix prélats réunis à Dublin avaient consenti à l'établissement d'un droit de veto gouvernemental sur la nomination des évêques en échange de l'émancipation catholique. Rome, les riches catholiques irlandais étaient prêts à souscrire à cette condition.

C'est alors que parut Daniel O'Connell. Il appartenait à une vieille famille gaèle dont plusieurs enfants avaient servi dans la brigade irlandaise. Né dans le Kerry, il savait le gaélique ; il connaissait intimement la paysannerie catholique, et se classait comme catholique. Mais les traditions gaélique ou jacobite lui parais aient deux obstacles à la modernisation nécessaire de son pays. Comme Wolfe Tone il voyait dans l'Irlande une nation, comme lui il voulait l'union des Irlandais ; mais il ne croyait ni à la rébellion ni à la révolution : il acceptait la couronne anglaise et le régime parlementaire anglais ; il allait rendre courage et fierté au peuple catholique tout en répandant chez lui une influence anglaise.

En quatre mois O'Connell amena les évêques irlandais à changer d'attitude à l'égard du droit de veto envisagé ; peu à peu il gagna la collaboration de nombreux prêtres, surtout dans la jeune génération plus nationaliste sortie de Maynooth ; il éveilla la masse des catholiques et lui fit exiger « l'abrogation totale et inconditionnelle des lois pénales ». Comment ne pas noter la coïncidence de sa campagne avec la fondation du célèbre collège jésuite de Clongowes Wood (1814), et celle de plusieurs collèges des « Frères chrétiens irlandais » ?

O'Connell dut lutter longtemps, car, même purement verbales, ses violences ne pouvaient manquer de mécontenter les Anglais. « Soyons justes, reconnaissait-il lui-même, ce n'est point parce que nous sommes catholiques que les Anglais nous détestent ; ils nous haïssent tout simplement parce que nous sommes Irlandais. » Mais la masse de manœuvre qu'il organisait peu à peu allait lui donner la victoire. En 1823, il reconstitua une « Association catholique » pour l'octroi aux catholiques de leurs droits politiques et la défense de leurs intérêts ; en 1824, il l'ouvrit au peuple par le moyen du « fermage catholique » — souscription mensuelle d'un penny — et de grands meetings. Aux élections générales de 1826, quatre candidats soutenus par son Association furent élus : depuis que les catholiques francs tenanciers de 40 shillings par an avaient le droit de vote, les propriétaires en avaient fictivement fabriqué des milliers pour se faire une clientèle ; voilà que, malgré la publicité du scrutin, l'Association catholique donnait à ces francs tenanciers l'audace de voter contre le candidat de leur propriétaire. En 1828, tout inéligible qu'il était, O'Connell se faisait élire lui-même dans le comté de Clare. Dès lors sa cause était gagnée : l'émancipation, déjà accordée en 1828 aux non-conformistes, était étendue en 1829, aux catholiques, qui pouvaient être élus au Parlement, et accéder à toutes les fonctions officielles, sauf celles de régent, de vice-roi ou de lord chancelier. Mais en Irlande le cens électoral était fortement relevé, ce qui paraissait un démenti à l'Union, le remplacement d'une ancienne par une nouvelle injustice.

A peine l'émancipation acquise, O'Connell ouvrait en Irlande une campagne pour l'abrogation de l'acte d'Union. A Westminster, il essaya d'obtenir des réformes. Pendant plusieurs années ce fut peine perdue. En 1833, ému par l'extension de la « guerre de la dîme » — celle-ci, payée par tous, allait au seul clergé anglican — et la multiplication des crimes agraires en Irlande, le Parlement vota une loi de « préservation de la paix et de coercition », puis une réforme de l'Eglise d'Irlande, comportant la suppression de dix évêchés. Ce fut assez pour provoquer l'indignation de l'Anglais Keble, qui prononça alors son fameux sermon sur « l'Apostasie nationale » (anglaise), premier acte du « Mouvement d'Oxford » ; mais O'Connell et le peuple irlandais voulaient autre chose : la suppression pure et simple de la dîme. En 1834, poussé par ses électeurs, O'Connell demanda officiellement aux Communes l'abrogation de l'Union. Leur réponse fut catégorique : 523 contre ; 38 pour. Fait significatif, un député de Belfast fut un des principaux défenseurs de l'Union.

Aux élections de 1835 O'Connell fit de nouveau de l'abrogation de l'Union le premier point de son programme ; mais, trouvant devant lui un gouvernement plus libéral, et, en Irlande, des fonctionnaires plus compréhensifs — surtout le remarquable sous-secrétaire Thomas Drummond — il soutint activement la politique de réforme. Drummond s'efforçait de tenir la balance égale entre protestants et catholiques, et de briser le pouvoir du sectaire Ordre d'Orange ; chose inouïe, il rappelait aux propriétaires que « la propriété a ses obligations tout comme ses droits ». De son côté O'Connell tendait la perche au gouvernement : « Les Irlandais, déclarait-il, sont prêts à entrer dans l'empire s'ils y sont admis réellement et pas seulement nominalement... sinon, nous sommes de nouveau Irlandais. » C'était une déclaration nette et logique, et l'on comprend qu'il ait été déçu par les demi-mesures du gouvernement, en matière de dîmes, d'extension à l'Irlande de la loi anglaise sur les pauvres (1838), comme en matière d'administration locale (1840). Mais si, par son acceptation du jeu parlementaire britannique comme par son emploi préférentiel de l'anglais, il contribuait à l'anglicisation de l'Irlande, d'autre part, son catholicisme intransigeant empêchait tout rapprochement entre catholiques et protestants irlandais, et plus généralement entre la majorité irlandaise et la majorité anglaise. Cependant dans ce domaine religieux, la première responsabilité n'incombe-t-elle pas aux Eglises elles-mêmes ? En 1815 avait été accordée une subvention destinée à la création d'écoles primaires neutres, qui, à partir de 1831, devaient prendre le nom de « nationales ». Dans la pratique non seulement elles contribuèrent à l' « anglicisation » de l'Irlande, mais, du fait des oppositions catholique et presbytérienne et des arrière-pensées anglicanes, elles ne tardèrent pas à devenir soit catholiques soit protestantes. L'Eglise d'Irlande, pour sa part, défendit âprement ses privilèges, à commencer par le bénéfice d'une dîme absolument inique ; en 1829, l'année même de l'émancipation catholique, l'Eglise presbytérienne d'Ulster où un esprit de tolérance avait soufflé pendant près de cinquante ans, à Belfast, en particulier (1), avait préféré l'avdersaire d'O'Connell, l'anticatholique Henry Cooke au libéral Henry Montgomery.

En 1840, voyant que les libéraux allaient être remplacés au pouvoir par les conservateurs, O'Connell fonda une association pour l'abrogation de l'Union, et reprit sa politique d'agitation dans le pays, organisant des meetings monstres parfaitement disciplinés en des lieux chargés de souvenirs historiques. Le 15 août 1843, 250 000 personnes accouraient à « Tara des rois » pour l'écouter. Enfin il annonça, pour le 8 octobre, un meeting aux portes de Dublin, sur l'emplacement de la bataille de Clontarf de 1014. On y attendait un million de personnes. Toute l'Europe suivait cette campagne ; de divers pays on venait prendre des leçons du grand « agitateur ».

Mais la situation n'était plus la même qu'en 1829. Si une partie importante de l'opinion anglaise avait alors estimé l'émancipation catholique nécessaire, elle était presque unanime dans sa volonté

(1) Ainsi, en 1784, les protestants de Belfast contribuèrent généreusement à la construction de la première église catholique de la ville.

de maintenir l'Union — peut-être faudrait-il plutôt dire : de maintenir la subordination de l'Irlande —, comme d'ailleurs dans son hostilité à O'Connell. En Irlande même ce dernier conservait l'appui populaire ; mais que signifiait l'abrogation de l'Union ? Etait-ce simplement le retour à la situation antérieure ? Quels devaient être les pouvoirs du Parlement irlandais ? Par qui devait-il être élu ? A ces questions les manifestants mobilisés par O'Connell auraient donné des réponses très diverses. Pour leur part, le jeune avocat protestant Thomas Davis et ses amis du groupe « Jeune Irlande » (1) nommaient leur pays « Hireland », « Terre de louage », dénonçaient les propriétaires apatrides, et faisaient appel à un peuple qu'ils connaissaient mal. Quant à O'Connell, il lançait parfois des défis qui ne correspondaient pas à sa nature profonde : ainsi en juin 1843 il déclarait : « Le moment approche où nous devrons passer à l'action. Vous aurez peut-être à choisir entre vivre en esclaves ou mourir en hommes libres. »

Le 7 octobre, le gouvernement, qui avait pris des mesures militaires, interdit le meeting de Clontarf. O'Connell, respectueux de la légalité comme toujours, s'inclina. D'autres événements allaient saper son influence. Une mesure de conciliation à l'égard de la bourgeoisie catholique proposée par Peel en 1845 mit en évidence un des points sur lesquels O'Connell et la « Jeune Irlande » étaient en désaccord : cette année-là le gouvernement établit trois collèges universitaires, dits « de la Reine », à Belfast, Cork et Galway. O'Connell fut d'accord avec les évêques catholiques pour les condamner comme « impies », du fait qu'ils étaient non confessionnels, tandis que Davis et ses amis accueillaient avec enthousiasme

(1) Ainsi appelé par imitation de la « Jeune Italie » de Mazzini.

toute occasion d'un rapprochement entre catholiques et protestants. Toute cette affaire passa brusquement au second plan : en septembre 1845, tandis que Davis mourait prématurément, on apprenait que la récolte de pommes de terre était menacée de destruction. Un désastre national commençait.

II. — La Grande Famine

O'Connell avait éveillé la conscience politique des masses catholiques, mais sur leurs conditions d'existence il avait eu peu d'action. Or, de 1800 à 1845, la population avait presque doublé : de 4 à 5 millions, selon les estimations, elle était passée à plus de 8, peut-être 9. L'Irlande était maintenant un des pays les plus peuplés d'Europe, compte tenu de sa superficie, peut-être le plus peuplé, compte tenu de sa superficie cultivable. Ses régions pauvres, le Connacht en particulier, étaient, depuis Cromwell, parmi ses plus peuplées. A la campagne les conditions de travail et de production étaient restées à peu près les mêmes, sauf, cependant, sur un point important : au fur et à mesure que la population augmentait, les fermes étaient subdivisées : 45 % d'entre elles étaient maintenant de moins de 2 ha ; 64 % dans le Connacht. Les céréales, destinées à l'exportation, servant à payer le fermage, la masse paysanne était à la merci d'une mauvaise récolte de pommes de terre. Quant à l'industrie, depuis l'instauration du libre-échange, elle se mourait, sauf dans le Nord-Est.

Or, en 1845, une partie importante de la récolte de pommes de terre fut détruite par un champignon. En 1846 elle fut attaquée de nouveau et cette fois complètement détruite. Alors commencèrent pour toute l'Irlande trois années de désespoir et de mort qui marquent un tournant de son histoire. Dans cette « grande famine » plus d'un million d'habitants moururent ou émigrèrent ; dans la seule année 1847, pendant laquelle ses céréales continuèrent à être exportées, 250 000 personnes moururent de faim ou d'épidémies, et plus de 200 000 émigrèrent aux Etats-Unis.

Il y avait eu des famines comparables, par exemple en Finlande en 1696-1697, au Danemark dans les années 1650, mais pareilles catastrophes paraissaient appartenir au passé. Le monde entier s'émut, et de partout vinrent des secours. Ils ne pouvaient guère avoir qu'une valeur symbolique. L'Irlande était frappée de façon profonde et durable, dans son corps et dans son âme. Sa population allait continuer à baisser du fait de l'émigration jusqu'en 1937 (1), date à laquelle elle n'était plus que de 4 204 476 habitants. Aucun autre pays d'Europe ne présente semblable courbe de population (2). De 1841 à 1968, il a émigré 4 449 394 Irlandais rien qu'aux Etats-Unis, sans compter tous ceux qui se sont installés en Grande-Bretagne, dans le Commonwealth et en Argentine. Pendant plusieurs générations, les Irlandais ont eu l'idée, surtout dans l'Ouest, que pour vivre il fallait émigrer. Tandis qu'avant la famine l'Irlandais se mariait d'assez bonne heure, après elle pendant longtemps il a tardé, restant souvent célibataire : en 1946, deux cinquièmes seulement des Irlandais de 30 à 34 ans étaient mariés. Enfin, ce fut l'Irlande gaélique et catholique qui fut le plus

(1) La population de la République d'Irlande a atteint un minimum en 1961.

(2) A titre de comparaison, le Danemark, qui comptait, en 1946, 4 045 000 habitants (Irlande : 4 289 000), en comptait 1 289 000 en 1841 (Irlande : 8 175 000).

frappée : grâce à ses ressources industrielles, l'Ulster, en particulier dans ses régions protestantes, souffrit beaucoup moins ; au contraire, dans le Connacht, des villages entiers disparurent. Pour la culture et la langue gaéliques, ce fut un coup terrible.

Dans l'immédiat, la famine ruina de nombreux *landlords*, dont les fermiers étaient morts, disparus, ou incapables de payer leur fermage. Une loi sur les domaines obérés, votée en 1849, eut pour résultat la vente de nombre de propriétés, qui passèrent entre les mains d'hommes d'affaires, encore plus étrangers que leurs prédécesseurs aux intérêts locaux. Autre conséquence de la famine, à la subdivision des fermes succéda le remembrement : en 1841, il y avait 691 202 exploitations agricoles, dont 310 436 de moins de 2 ha ; en 1851, il n'y en avait plus que 570 338, dont 88 083 de moins de 2 ha. Du point de vue économique, c'était un progrès indéniable ; mais payé de quelles souffrances !

Bien qu'elle pût paraître le résultat de l'Union, la famine tua le mouvement pour son abrogation : c'était de nourriture qu'on avait besoin tout d'abord. O'Connell était mort en 1847. En 1848, encouragés par le succès apparent des mouvements révolutionnaires européens et du chartisme anglais, les « Jeunes Irlandais » préparèrent un soulèvement. Dans un pays exsangue, c'était sans espoir. Leur tentative avorta. Cependant, à l'égard des *landlords* comme à l'égard du gouvernement anglais, les colères s'étaient exaspérées. Les Irlandais considéraient que ce dernier était resté insensible à leurs souffrances, et lui reprochaient en particulier de ne pas avoir mis l'embargo sur les produits alimentaires. On a souvent parlé des exportations de grain irlandais de ces années où les habitants mangeaient des chiens, des rats et de l'herbe. Ce grain, les Irlandais n'avaient évidemment pas de quoi l'acheter : il aurait fallu le leur donner, même si toute la philosophie du temps s'opposait à une intervention de l'Etat. Les Anglais, qui ovaient pourtant largement contribué aux secours pour l'Irlande, comprenaient si mal la situation qu'il se mêlait parfois de l'impatience à leur compassion : certains d'entre eux pensaient, comme Charles Trevelyan, fonctionnaire du ministère des Finances, que « le grand mal, c'était le caractère égoïste, rétif et turbulent de la population ». Jamais, dit Beckett, les deux pays n'avaient été si mal disposés à l'égard l'un de l'autre.

En 1846, pour peser sur les prix, Peel avait fait abroger les lois sur le blé qui, au lendemain de la guerre avec la France, avaient protégé l'agriculture britannique contre les importations. La baisse du prix du blé qui en résulta favorisa le retour de l'Irlande à l'élevage, et contribua à la multiplication des expulsions de fermiers, qui se faisaient, sauf en Ulster, sans aucun dédommagement pour les améliorations éventuellement apportées dans l'exploitation par le partant. Leur nombre devait s'élever jusqu'à 16 686 en 1849 et 19 949 (1) en 1850, pour diminuer ensuite. Un ancien ami de Davis, Gavan Duffy, essaya de constituer une « Ligue des Fermiers Irlandais », puis d'organiser un parti parlementaire cohérent ; mais, devant la « paralysie de l'opinion nationale », il émigra en Australie. La lente amélioration des conditions d'existence de la classe paysanne, due pour beaucoup à l'émigration même, ne se traduisit d'abord par aucune reprise de son activité politique. La hiérarchie catholique se mon-

(1) Il s'agit du nombre de familles expulsées. Le nombre de personnes expulsées fut de 90 440 en 1849 et de 104 163 en 1850.

trait complaisante à l'égard du pouvoir. Cependant, plusieurs hommes bannis comme conspirateurs, et qui avaient rencontré à Paris des exilés politiques d'autres pays, décidèrent d'organiser parallèlement à New York et à Dublin une société secrète qui aurait pour but unique de renverser par la force le pouvoir britannique en Irlande. Ce fut la « Fraternité républicaine irlandaise », ou, en souvenir des guerriers légendaires de Finn Mac Coole, le « Mouvement fénian ». Il ne s'agissait nullement d'un parti politique, mais bien d'une organisation militaire, qui recherchait des fonds parmi les émigrés d'Amérique, et recrutait en Irlande, parmi les travailleurs, des membres assermentés. En 1863 son chef, James Stephens, fonda à Dublin un hebdomadaire, *The Irish People*, qui attaqua les « nationalistes constitutionnels » et défendit les fénians contre la hiérarchie catholique. « Si le peuple se soumettait au clergé en politique, y lisait-on un jour, il n'y aurait pas de Fraternité féniane. L'Irlande pourrait périr sans qu'une main se lève pour la secourir. » Peu à peu Stephens recruta un grand nombre de membres, dont quelques milliers de soldats irlandais appartenant à des régiments cantonnés en Irlande. En 1865 il était sur le point de lancer un soulèvement, avec l'aide d'officiers irlandais formés dans la guerre de Sécession ; les armes attendues n'arrivèrent pas ; le gouvernement, renseigné par ses agents, interdit *The Irish People*, et arrêta les principaux conspirateurs. Stephens s'échappa et reprit la tête du mouvement, mais tarda à donner le signal attendu ; quand celui-ci fut enfin donné, en mars 1867, l' « Organisation » était démantelée : le soulèvement fut un fiasco. Pourtant la Fraternité républicaine irlandaise avait été si bien implantée dans le pays qu'elle se reconstitua presque aussitôt. En septembre elle organisa en Angleterre un attentat très meurtrier qui y provoqua une vive indignation, mais qui amena Gladstone puis une partie de l'opinion anglaise à comprendre la nécessité de réformes profondes.

III. — Gladstone et Parnell

En cette année 1867 où le Mouvement fénian s'imposait à l'attention de l'Angleterre, celle-ci était à l'apogée de sa puissance. Sa prépondérance économique était incontestée ; elle avait étendu son empire ; il lui semblait parfois qu'elle donnait l'exemple de la sagesse politique, et montrait la voie du bonheur et de la prospérité. Or l'Irlande était comme une tache sur ce tableau. Il est vrai que Belfast s'était développée aussi vite que Liverpool ou Glasgow : ses chantiers de construction navale rachetés en 1858 par Harland et Wolff rivalisaient avec ceux de la Clyde ; de 1850 à 1861 le nombre de métiers mécaniques pour le lin était passé de 100 à 4 900. Mais Belfast et sa région appartenaient-elles vraiment à l'Irlande ? La population de celle-ci continuait à décroître : de plus de 1 % par an ; l'industrie était presque morte : les tisserands de Drogheda ou de Cork étaient partis pour Manchester ; les ouvriers de la soie de Dublin, pour Macclesfield ; les paysans se plaignaient ; même les exportations de denrées alimentaires diminuaient ; de dangereux terroristes trouvaient un appui dans tout le petit peuple.

Gladstone se penchait depuis longtemps sur le problème irlandais, dont il saisissait toute la gravité. En 1869, il réussit à faire voter une loi de séparation de l'Eglise d'Irlande et de l'Etat. A l'exception des édifices cultuels, les biens de cette Eglise, dîmes comprises, furent confisqués ; leur administration confiée à une commission chargée de payer les clergés anglican et presbytérien, de verser une subvention annuelle à Maynooth, et de répartir le solde des revenus entre des fondations charitables et des œuvres d'enseignement. Gladstone écrivait à la reine Victoria : « Nous sommes lentement, douloureusement, arrivés à la conclusion que l'Irlande doit être traitée à tous égards comme un pays libre, et doit être gouvernée comme tous les autres pays libres selon les sentiments de sa majorité et non de sa minorité. » En 1870, il fit voter une réforme agraire prudente et peu efficace, importante pourtant comme première limitation des droits de la propriété.

Ces réformes étaient un encouragement pour les nationalistes constitutionnels. En 1870 ils s'unirent et lancèrent un mouvement pour l'autonomie. En 1875, quelques députés irlandais entreprirent de paralyser le travail parlementaire par des interventions interminables (1). Sous la direction d'un jeune propriétaire protestant, Charles Parnell, ils attirèrent peu à peu l'attention des Fénians, qui, jusque-là, n'avaient cru qu'à l'action directe. 1879 fut en Irlande une très mauvaise année : les expulsions de fermiers reprenaient. Alors parut un Fénian libéré de prison, ardent défenseur de justice sociale, Michael Davitt, fils de petit fermier expulsé. Convaincu de la nécessité de joindre la cause agraire et la cause nationaliste, et de faire lutter ensemble les Fénians et les nationalistes constitutionnels, il fonda une « Ligue Agraire » et fit nommer Parnell à sa présidence. Sous la direction de Davitt la Ligue organisa la résistance aux propriétaires,

(1) C'est la méthode qui aux Etats-Unis devait prendre le nom de *filibustering*.

secourut les fermiers en difficulté, décréta l'embargo sur les exploitations vacantes par suite d'expulsion, inventa dans sa lutte contre un certain capitaine Boycott la méthode qui porte ce nom, et finit par constituer une sorte de gouvernement parallèle. Evictions et crimes agraires se multiplient. A l'arrestation de Parnell, renforcé par la constitution d'une ligue nationale, dont il est nommé président, répond la grève des fermages. Gladstone, revenu au pouvoir, fait voter en 1881 une nouvelle loi agraire restreignant les droits des propriétaires, en même temps, il est vrai, qu'une nouvelle loi de coercition. L'assassinat du premier secrétaire pour l'Irlande et de son adjoint provoque une entente inattendue entre Gladstone et Parnell ; l'agitation prend fin. En 1885 les conservateurs doivent s'entendre avec Parnell pour revenir au pouvoir, et font voter une nouvelle loi qui amorce enfin une vraie révolution en permettant l'achat de leur exploitation par les fermiers.

Revenu au pouvoir une troisième fois, mais avec une majorité dépendant du vote des « Parnellites », Gladstone soumit aux Communes en 1886 un projet de *Home Rule* (autonomie) pour l'Irlande, prévoyant un pouvoir exécutif irlandais responsable devant un Parlement irlandais, mais laissant l'autorité dernière au Parlement de Westminster, qui devait seul avoir droit de regard sur les affaires extérieures. Ce projet fut attaqué avec une passion égale à celle que Gladstone mettait à le défendre. Soutenus par les marchands et les industriels, et regroupés à l'appel de l'Ordre d'Orange, la majorité des protestants d'Ulster s'y opposèrent. L'esprit de tolérance de Belfast avait disparu, sinon depuis l'émancipation catholique, du moins depuis la cristallisation, par l'effet de l'action d'O'Connell, d'un nationalisme catholique, et aussi depuis l'afflux de travailleurs catholiques venant des campagnes. Une alliance s'était faite entre presbytériens et anglicans ; dès 1857, la commémoration de la bataille de la Boyne avait donné lieu à des violences contre des catholiques ; ces violences s'étaient reproduites en 1864 et en 1872. Cette fois le conservateur Randolph Churchil vint à Belfast exciter les protestants au combat. Joseph Chamberlain et d'autres libéraux lâchèrent Gladstone pour former le parti « unioniste ». Le projet fut repoussé. Gladstone en appela au pays ; mais celui-ci se prononça contre lui.

Avec un courage admirable, Gladstone continua dans l'opposition à lutter pour le *Home Rule*. En 1890, l'opinion anglaise parut gagnée à cette cause quand on apprit qu'une accusation de collusion avec les auteurs d'un double assassinat terroriste, portée contre Parnell dans le *Times*, reposait sur un faux. Quelques mois après, une partie de cette opinion se retourna quand Parnell, accusé d'adultère par un homme sans honneur, fut condamné par défaut. Sous la pression des non-conformistes, Gladstone fit savoir que les libéraux ne pourraient plus militer utilement pour le *Home Rule* si Parnell restait chef du parti nationaliste. Celui-ci refusa de se démettre. Lui, qui avait uni derrière lui toute l'Irlande, du moins toute l'Irlande nationaliste, était maintenant dans son parti et dans tout le pays une source de division funeste à la cause même qu'il défendait. Il mourut en octobre 1891, à l'âge de quarante-cinq ans, épuisé par une lutte incessante. Pendant dix ans la plupart des jeunes se détournèrent de la politique avec dégoût.

Revenu au pouvoir une quatrième et dernière fois à l'âge de 83 ans en 1892, Gladstone soumit un nouveau projet de *Home Rule* aux Communes, le fit voter après des discussions passionnées ; mais la Chambre des Lords le rejeta par 378 voix contre 41. Dans l'Ulster protestant une opposition farouche s'était manifestée.

IV. — Conquête de l'indépendance et entrée dans la C.E.E.

A part cet intermède libéral de trois ans, les conservateurs furent au pouvoir de 1886 à 1905. S'ils ne réussirent pas à « tuer le *Home Rule* par la bonté », comme ils se le proposaient, ils présidèrent à une véritable révolution pacifique. Par l'effet des lois agraires de 1891 et surtout de 1903 (loi Wyndham), faisant suite à celle de 1885, l'Irlande, qui avait été un pays de grande propriété (mais de petites exploitations), devint, grâce à l'aide financière de l'Etat, un pays de petits propriétaires exploitants. Cette révolution sociale s'accompagna d'une révolution politique : dès 1872, l'institution du scrutin secret avait ruiné l'influence des *landlords* dans les élections législatives ; en 1898, celle de conseils de comté leur fit perdre le contrôle du gouvernement local. Les fermiers, enfin maîtres d'une terre souvent exploitée par leur famille depuis des générations, et qu'ils avaient toujours considérée comme leur bien, furent profondément satisfaits ; mais leurs difficultés matérielles restèrent aiguës : dès les années 1890, ils se trouvèrent en concurrence avec des producteurs étrangers plus riches, mieux équipés ou mieux organisés. Pour eux, pour l'Irlande, Davitt avait pensé à tout autre chose : à la nationalisation des terres.

Indépendamment du gouvernement, deux hommes, le *landlord* Horace Plunkett et le poète mystique George Russell ou « A. E. », voulurent donner une nouvelle vie à la campagne. Plunkett fonda en

1894 la « Société d'organisation agricole irlandaise », dont George Russell devint la cheville ouvrière en 1897. Sous leur influence se fondèrent en dix ans 800 coopératives locales, surtout des laiteries, qui s'occupaient de fourniture d'outillage et d'engrais, de vente et de crédit, et de documentation agricole. Les anciens Fénians, les extrémistes ne leur étaient généralement pas favorables, considérant qu'elles détournaient les fermiers de leur vrai combat.

Russell faisait partie d'un groupe de lettrés, d'artistes et d'amateurs pour qui la nation irlandaise était d'abord une âme, un esprit, une tradition culturelle, une façon de sentir et d'imaginer. Depuis 1831 l'Irlande avait des écoles primaires confessionnelles dites « nationales » ; les « Frères chrétiens irlandais » avaient en 1802 ouvert leur première école secondaire ; en dehors du Collège de la Trinité, de Dublin, un enseignement supérieur non confessionnel avait été créé, aussitôt torpillé, en dehors de Belfast, par l'Eglise catholique. Mais tout cet enseignement répandait surtout la langue et la culture anglaises. C'est seulement à partir de 1870-1880 que les gens dits cultivés avaient eu la révélatin de l'antique « tradition irlandaise » pourtant toujours vivante chez le peuple, surtout dans l'Ouest. Standish O'Grady avait été en 1878 un des premiers à découvrir ce monde inconnu dans son *Histoire d'Irlande : la période héroïque.* En 1884, avait été fondée l' « Association gaélique d'athlétisme », qui encourageait les sports gaéliques traditionnels. William Butler Yeats, maintenant chef du mouvement littéraire irlandais, avait commencé à publier ses poèmes en 1885 ; en 1891, il avait fondé la « Société littéraire nationale ». Douglas Hyde, qui devait devenir le premier président de l'Eire en 1937, avait lui-même fondé en 1893 la « Ligue gaélique », qui se donnait pour but de refaire parler le gaélique, et de « désangliciser l'Irlande ». En 1899, Yeats, Lady Gregory et Edward Martyn fondaient le « Théâtre littéraire irlandais », et lançaient le mouvement qui allait aboutir à l'ouverture en 1904 de l' « Abbey Theatre ».

Le centenaire du soulèvement de 1798 contribua à ranimer les diverses formes du nationalisme politique. Dans son journal *L'Irlandais Uni*, l'imprimeur Arthur Griffith se mit à prêcher la doctrine qu'il devait appeler *Sinn Fein* (Nous-Mêmes) : il déclarait que l'acte d'Union était illégal, et demandait aux députés irlandais de se retirer de Westminster et de constituer un gouvernement à Dublin. Il prêchait la résistance passive, tandis que, fidèles à l'esprit de leur mouvement, les nouveaux chefs de la « Fraternité républicaine irlandaise », comme Pearse, comptaient toujours sur la force pour établir une république irlandaise. Vers le même moment, un ouvrier énergique et généreux, James Connolly, fondait le « parti républicain socialiste irlandais » et le journal *La République des Travailleurs*. Voyant dans l'Angleterre l'incarnation de l'impérialisme capitaliste, et croyant découvrir un principe socialiste dans la société gaélique que les Anglais avaient détruite, il unissait socialisme et nationalisme. C'est en 1900 enfin que le parti nationaliste, divisé depuis 1890, se ressouda sous la direction de John Redmond. Il avait l'héritage de Parnell et une organisation ancienne et bien implantée ; mais les jeunes se tournaient plutôt vers les nouvelles formes du nationalisme : en 1902, la pièce de Yeats, d'inspiration gaélique et révolutionnaire, *Cathleen ni Houlihan*, obtenait un succès retentissant qui inquiétait son auteur même ; la Ligue gaélique, dont les sections locales s'étaient multipliées, allait peu à peu passer sous le contrôle de nationalistes extrémistes.

La fermentation dont Dublin était le centre avait peu de répercussion dans le Nord-Est et, d'une façon générale, dans les campagnes. Le Nord-Est était maintenant tout à fait distinct du reste du pays, autant par son économie que par sa population. Il continuait à s'y développer une puissante industrie, en relations étroites avec la Grande-Bretagne et entièrement tournée vers l'exportation. Pour l'ensemble du pays la population, qui restait en grande majorité rurale, continuait à décroître. Malgré les efforts de Plunkett et de George Russell, les fermiers, maintenant propriétaires de leurs terres, n'avaient pas organisé leur production comme les fermiers danois. Les jeunes continuaient à quitter la terre par milliers, et quitter la terre signifiait toujours émigrer, puisqu'en dehors de la brasserie, de l'entreprise Guinness en particulier, à peu près aucune industrie importante ne pouvait se construire. D'ailleurs il n'y avait aucune liaison entre fermiers et ouvriers.

En 1906 les libéraux revinrent au pouvoir. Dès 1905 s'était constitué préventivement un « Conseil unioniste de l'Ulster » ; partout, dans cette province, se formèrent des « clubs unionistes ». Ayant une majorité suffisante pour se passer de l'appui des nationalistes irlandais, les libéraux laissèrent d'abord de côté la question brûlante du *Home Rule*. En 1908 ils réorganisèrent l'enseignement supérieur d'Irlande, jusque-là très boiteux ; par la volonté des protestants d'Ulster, le « Collège de la Reine » de Belfast devint université indépendante, entièrement distincte de la nouvelle « Université nationale ». Les élections de 1910 rendirent les nationalistes irlandais maîtres de la situation aux Communes, et la loi parlementaire de 1911 ne laissa à la Chambre des Lords, qui avait repoussé le *Home Rule* en 1893, qu'un veto suspensif de deux ans.

Les unionistes n'étaient pas prêts à se laisser faire. Sous la direction de Sir Edward Carson et de James Craig, ils commencèrent à rédiger une constitution, et se préparèrent à prendre en main l'administration de l'Ulster. Les années 1911 et 1912 virent la grande bataille du *Home Rule*. Le projet de loi présenté au Parlement n'accordait à l'Irlande qu'une autonomie incomplète, réservant au gouvernement anglais la politique extérieure, la politique douanière et monétaire et même le contrôle de la police. Cependant quand il fut enfin voté par les Communes, pour prendre effet en 1914, plus de 400 000 Ulstériens s'étaient engagés par une véritable déclaration religieuse à en empêcher la mise en application par « tous les moyens ». Les unionistes avaient fondé une milice irrégulière, les « Volontaires d'Ulster », et avaient commencé à acheter des armes en Allemagne. Leur exemple allait être suivi à Dublin. « Personnellement, déclarait Pearse, je trouve l'orangiste armé beaucoup moins ridicule que le nationaliste sans arme. » A l'occasion d'un terrible conflit du travail, qui mit les travailleurs de Dublin à cruelle épreuve de juillet 1913 à janvier 1914, Connolly créa une « Armée citoyenne irlandaise ». En novembre 1913 enfin s'organisa la force des « Volontaires irlandais », sans programme ni objectif politiques bien définis, mais où s'enrôlèrent des centaines de membres de l' « Association gaélique d'athlétisme » et de la « Ligue gaélique », sans parler de la « Fraternité républicaine irlandaise », déjà organisée militairement. C'est alors seulement que l'Angleterre interdit l'importation des armes. Pris entre Redmond d'une part, et d'autre part Carson, que le nouveau chef du parti conservateur, Bonar Law, encourageait audacieusement, le gouvernement ne parvenait pas à sortir de l'impasse. En mars 1914, 58 officiers des forces anglaises stationnées en Irlande firent savoir qu'ils préféreraient quitter l'armée plutôt que d'avoir à servir contre les Volontaires ulstériens. En avril, ceux-ci reçurent d'Allemagne 25 000 fusils, qui furent débarqués à Larne. En juillet, ce fut au tour des Volontaires irlandais d'en recevoir à Howth. Dans ce dernier cas l'attitude des autorités fut moins tolérante.

C'est alors que la première guerre mondiale éclata. Le principe du *Home Rule* acquis, Redmond accepta d'en suspendre l'application jusqu'à la fin des hostilités, et assura l'Angleterre de l'aide irlandaise. Effectivement de nombreux Irlandais s'enrôlèrent dans l'armée anglaise. Mais les nationalistes extrémistes furent d'un autre avis. Les Volontaires se divisèrent. La minorité extrémiste commença à préparer une insurrection. Pearse s'entendit avec Connolly. L'insurrection, désavouée au dernier moment par des chefs qui n'avaient pas été mis dans le secret, eut lieu, presque uniquement à Dublin, le lundi de Pâques 24 avril 1916. Les insurgés occupèrent la Grand-Poste et divers points de la ville. Pearse lut et fit afficher une proclamation du « gouvernement de la République irlandaise au peuple d'Irlande » : « Au nom de Dieu et des générations mortes dont elle reçoit sa vieille tradition nationale, l'Irlande par notre voix appelle ses enfants à son drapeau... soutenue par ses enfants exilés en Amérique et par ses vaillants alliés d'Europe (1), mais comptant d'abord sur sa propre force,

(1) Les chefs des insurgés avaient négocié avec l'Allemagne qui leur avait fourni des armes (comme aux orangistes).

elle frappe, pleinement assurée de la victoire... Nous déclarons que le droit du peuple d'Irlande à la propriété de l'Irlande et à la libre détermination de sa destinée, est souverain et imprescriptible. La longue usurpation de ce droit par un peuple et un gouvernement étrangers ne l'a pas supprimé... La République garantit la liberté religieuse et civile... elle oublie les différends, soigneusement entretenus par un gouvernement étranger, qui, dans le passé, ont séparé une minorité de la majorité... »

Pendant une semaine, au milieu d'une population stupéfaite et hostile, les insurgés, courageux sans illusion, maintenant unis sous le nom d'Armée républicaine irlandaise *(I.R.A.)*, tinrent tête aux Anglais. Ceux-ci bombardèrent le centre de Dublin, tuant de nombreux civils. Cerné de toutes parts Pearse signa une reddition inconditionnelle le samedi 29. Les chefs de l'insurrection furent jugés par une cour martiale, quinze d'entre eux furent condamnés à mort et exécutés entre le 3 et le 15 mai ; Connolly, grièvement blessé, fut amené sur un brancard et attaché sur une chaise. Bernard Shaw avertit les autorités britanniques qu'elles « canonisaient » leurs prisonniers. Soucieux d'apaiser l'opinion américaine, influencée par les millions d'émigrés ou fils d'émigrés irlandais, le gouvernement anglais engagea des négociations avec Redmond et Carson. Sans résultat. En 1917, il réunit une Convention irlandaise : le *Sinn Fein* refusa d'y participer. En novembre Eamon de Valera, chef insurgé dont la peine de mort avait été commuée, du fait de sa naissance aux Etats-Unis, devint chef du *Sinn Fein* (1) et président des Volontaires

(1) Organisé en parti par Arthur Griffith en 1905, le *Sinn Fein* avait abandonné la politique de résistance passive de son fondateur.

irlandais. Au printemps de 1918, devant des protestations générales, le gouvernement dut renoncer à son projet d'étendre la conscription à l'Irlande. Aux élections de décembre, qui suivirent la fin de la guerre, soixante-treize représentants du *Sinn Fein*, en prison pour la plupart, furent élus contre vingt-six unionistes et seulement six représentants de l'ancien parti nationaliste. Les insurgés de Pâques 1916 avaient gagné.

Au lieu de se rendre à Westminster, les élus du *Sinn Fein* qui n'étaient pas en prison se réunirent à Dublin, se proclamèrent l'Assemblée Nationale *(Dail)* de la République d'Irlande, et envoyèrent à la conférence de la paix de Paris des délégués que l'on refusa de recevoir. Elu président du *Dail*, de Valera constitua un gouvernement. Une guérilla s'engagea peu à peu dans tout le pays entre l'*I.R.A.* et la police, renforcée par des recrues spéciales qui, sous le nom de « Black and Tans », devaient laisser un affreux souvenir. A cela s'ajoutèrent dans le Nord-Est des attaques furieuses de quartiers catholiques par des protestants fanatiques que les autorités laissaient plus ou moins faire. Une loi d'amendement au *Home Rule*, votée à Westminster en décembre 1920, divisa l'Irlande en deux : d'une part l' « Irlande du Nord », c'est-à-dire l'Ulster moins trois comtés où se trouvait une nette majorité catholique ; d'autre part les vingt-six comtés de l' « Irlande du Sud ». Belfast, comme Dublin, devait avoir un Parlement et un gouvernement responsable devant lui. La suprématie du Parlement impérial de Westminster, où les deux parties de l'Irlande devaient rester représentées, était explicitement maintenue. Dans le Nord, les unionistes organisèrent aussitôt des élections, où ils remportèrent quarante des cinquante-deux sièges, et Sir James Craig constitua un gouvernement. La seule réponse des *Sinn Feiners* fut de se faire plébisciter dans les vingt-six comtés où ils l'emportèrent partout, sauf pour les sièges de *Trinity College*. Quand il vint inaugurer le nouveau Parlement de Belfast, en juin 1921, George V lança un appel à la réconciliation de tous les Irlandais. Deux jours après Lloyd George invita de Valera et Craig à une conférence. Un armistice fut conclu et des négociations s'engagèrent. Elles durèrent cinq mois. De Valera refusa d'y participer personnellement ; il donna officiellement pleins pouvoirs à ses délégués, Arthur Griffith et Michael Collins, mais chercha à se réserver la décision finale. Dès le départ les propositions anglaises étaient claires : pleine autonomie à Dublin à deux conditions : l'Irlande devait continuer à faire partie de l'Empire, et nulle contrainte ne devait être exercée à l'égard de l'Irlande du Nord.

Le traité signé en décembre faisait de l' « Etat libre d'Irlande » un dominion pleinement autonome ; les membres du Parlement irlandais devaient prêter serment d'allégeance à la couronne en tant qu'appartenant au Commonwealth des Nations britanniques. La Grande-Bretagne gardait pour le moment la charge de la défense côtière, et conservait un certain nombre de bases navales en Irlande. Un Conseil de l'Irlande devait s'occuper de problèmes communs aux deux parties de l'île.

La première conséquence durable de la division de l'Irlande a été le départ de nombreux protestants du Sud : en 1921 ils étaient 11 % de la population de ce qui allait être l'Etat libre ; maintenant ils en sont à peine 3 % : aux départs se sont ajoutés les effets des mariages mixtes, allant généralement dans le sens de l'Eglise dominatrice, et ceux du taux de natalité, moindre chez les protestants.

De Valera jugea inacceptable un traité sous la menace d'« une guerre immédiate et terrible ». Le Dail le ratifia néanmoins, à une faible majorité, après de longs débats, où furent surtout discutés le serment d'allégeance et le statut de dominion, et élut Griffith président de l'Etat libre. Michael Collins constitua un gouvernement et parvint à un arrangement avec Craig, ramenant un calme relatif en Irlande du Nord. Aux élections de juin 1922 une majorité approuva les décisions du *Dail* et l'action de Collins, mais la minorité « républicaine », comprenant la plupart des membres de l'*I.R.A.*, contesta la valeur de ces élections et engagea une action de force qui entraîna presque aussitôt une guerre civile. Les soldats « républicains » ou « irréguliers », plus nombreux au départ, essayèrent d'abord de tenir la région où ils étaient les plus forts, celle de Waterford, Cork et Limerick. Bientôt surpassés en nombre et battus en campagne, ils reprirent les méthodes de la guérilla anglo-irlandaise. La guerre, féroce, meurtrière, destructrice, source d'un déchirement prolongé de la nation, prit fin simplement parce que l'*I.R.A.*, à bout de souffle, finit par accepter, en mai 1923, de déposer, ou plutôt de cacher les armes qui lui restaient. Guerre plus que toute autre navrante : les chefs, de part et d'autre, voulaient passionnément l'indépendance complète de l'Irlande et sa réunification.

Griffith et Collins avaient disparu de la scène à dix jours d'intervalle, en août 1922, le premier, mort d'épuisement, le second, assassiné. Une nouvelle constitution était entrée en vigueur. Le pouvoir était alors passé entre les mains de William Cosgrave, chef du parti ancêtre de l'actuel *Fine Gael*. Son gouvernement, énergique et efficace, remit de l'ordre dans les affaires du pays, rendit l'étude de l'irlandais obligatoire à l'école, et joua un grand rôle dans la discussion du statut de Westminster (1931), qui reconnaissait les dominions comme des communautés autonomes ayant chacune un Parlement indépendant. Très limité dans son action économique par son étroite dépendance à l'égard d'un électorat de petits propriétaires profondément conservateurs, il entreprit cependant l'électrification du pays, et développa la culture de la betterave à sucre. Sa dépendance à l'égard de la hiérarchie catholique se manifesta par la censure de la plupart des œuvres littéraires nouvelles de valeur (1), et par le vote d'une loi interdisant le divorce.

Il commença à perdre son soutien populaire en 1925 quand il dut renoncer à toute révision de la frontière des deux Irlandes. De Valera fonda alors un nouveau parti, *Fianna Fail* (Guerriers de la destinée), et accepta de siéger au *Dail*. Une minorité de ses partisans refusa de le suivre : depuis lors l'*I.R.A.* est restée une organisation terroriste clandestine. Nourrie de mythologie, elle est aussi hostile au gouvernement de Dublin qu'à celui de Belfast ou de Londres.

Les élections de 1932 amenèrent de Valera au pouvoir. Aussitôt il supprima le serment d'allégeance à la couronne, et retint les annuités foncières que l'Irlande payait à l'Angleterre en remboursement des avances consenties par cette dernière. Il en résultat une guerre économique que la population supporta patiemment pendant six ans. Un accord y mit fin en 1938 : l'Irlande versa une somme globale à l'Angleterre contre restitution par celle-ci

(1) Les motifs de la censure sont l'obscénité et l'allusion aux méthodes anticonceptionnelles.

des bases navales qu'elle avait conservées. C'était pour l'Angleterre renoncer à un élément essentiel de sa défense maritime ; pour l'Irlande, assurer sa neutralité en cas de conflit.

Le gouvernement encouragea la culture, mais sans grand résultat. Son action fut plus efficace dans la création de sociétés nationales comme *Bord na Mona*, société d'exploitation de la tourbe (1934), ou *Aer Lingus*, société de transports aériens (1936). En 1937, de Valera rédigea et fit adopter une nouvelle constitution, qui n'a depuis lors subi que de légères modifications de circonstances, et dont l'inspiration nationaliste et catholique a été un obstacle permanent à un rapprochement avec l'Irlande du Nord. Son Préambule place l'Irlande sous l'autorité de « la Très Sainte Trinité » ; son article 2 déclare que le territoire national comprend toute l'île d'Irlande, l'article suivant reconnaissant que les lois ne peuvent provisoirement s'appliquer qu'aux vingt-six comtés de l'ancien Etat libre. Plus loin elle mentionne l'importance essentielle de la famille, et celle de la femme au foyer, et interdit toute législation permettant la dissolution du mariage. Tout cela est inacceptable pour l'Irlandais du Nord, non que, dans la pratique, il se conduise différemment de l'Irlandais catholique : il s'agit d'une question de liberté de principe. Par contre l'Eire, de son nouveau nom, montra son esprit tolérant en se donnant comme premier président le protestant Douglas Hyde, l'un des deux fondateurs de la Ligue gaélique. D'autre part, conformément à la tradition féniane dans laquelle il se plaçait, le gouvernement de Valera se montra plus indépendant que son prédécesseur à l'égard de la hiérarchie catholique, qui exerçait une pression sur lui en faveur de l'Espagne franquiste, et se montrait indulgente à l'égard de l'Italie fasciste.

Comme président de la Société des Nations, de Valera avait, en 1932, donné l'impression de parler pour les petites nations. Pendant la seconde guerre mondiale l'Eire observa, au moins pour la forme, une rigoureuse neutralité, et parut à beaucoup sortir de l'histoire. Cette neutralité rendit fort difficile l'organisation par la Grande-Bretagne de la protection de ses convois de ravitaillement contre les attaques des sous-marins allemands ; mais elle répondait à un désir presque unanime et bien compréhensible de la population. Quant Belfast fut bombardé, de Valera y envoya les pompiers de Dublin ; mais il protesta contre l'établissement d'une base américaine à Londonderry. Cependant, 70 000 Irlandais de l'Eire s'enrôlèrent aux côtés des Anglais, et 200 000 autres vinrent travailler dans les usines britanniques. Depuis la guerre, le pays, qui se proclama République d'Irlande le 18 avril 1949, a continué à protester contre la division faite en 1921, et a refusé pour cette raison de faire partie de l'O.T.A.N. s'en tenant à son principe de neutralité. Dès 1937, l'Eire avait cessé de participer aux conférences du Commonwealth, qui se modifia sous l'effet de cette marque d'indépendance, mais les conséquences pratiques de cette mesure furent négligeables. Sur le plan intérieur, la vie d'un gouvernement de coalition *Fine Gael-Labour* fut surtout marquée par l'abandon, sous la pression de la hiérarchie catholique, d'un projet ministériel d'aide sociale dit « Mère et enfant », parce qu'il menaçait la tutelle du clergé sur la famille.

Le parti *Fianna Fail* revint au pouvoir en 1951 ; en 1959, Sean Lemass succéda à de Valera. Le fait essentiel de cette période est que la population du territoire de la République, après avoir diminué presque sans arrêt depuis la Grande Famine, jusqu'à 2 818 341 en 1961 contre 6 528 799 en 1841, a enfin commencé à se relever, pour atteindre 3 542 000 en 1987, après une légère baisse due à une forte émigration. Ce changement vital a été d'abord le résultat de la nouvelle politique économique, inspirée et pratiquée par Sean Lemass et ses collaborateurs, en particulier T. K. Whitaker : pour arrêter l'hémorragie de l'émigration, ils allaient ouvrir l'Irlande au monde. Déjà la République, entrée à l'O.N.U. en 1955, y jouait un rôle actif, envoyant des « Casques bleus » au Congo puis à Chypre ; mais cela ne suffisait pas. Il fallait attirer chez elle-même des capitaux étrangers, créer une industrie exportatrice. Des programmes successifs d'expansion économique ont été adoptés et ont pu, dans l'ensemble, être appliqués. L'agriculture n'a, jusqu'à 1973, progressé que très lentement dans ce pays de petits propriétaires encore profondément hostiles à la nationalisation dont rêvait Davitt ; mais l'industrie et les services, partis, il est vrai, d'un niveau extrêmement modeste, ont fait des bonds en avant. Attirés par des exemptions d'impôts et le droit de rapatrier les bénéfices, des capitaux étrangers, britanniques, puis surtout allemands et américains s'investirent en Irlande. On a surtout entendu parler de la zone industrielle franche de Shannon, mais c'est Dublin qui vit le plus grand nombre de créations dans la République, suivi par Cork. Il s'agit d'industries de pointe, tournées vers l'exportation. Un espoir naquit.

La nouvelle politique d'ouverture se traduisit également par des demandes d'admission dans la C.E.E., parallèles à celles du Royaume-Uni. Dans un référendum de mai 1972 la population de la

République accepta massivement d'entrer dans le Marché commun. En 1974 les deux parties de l'Irlande ont commencé à recevoir une aide du modeste Fonds européen de Développement régional. Jusque-là la République était sous la dépendance économique du Royaume-Uni, de loin son principal fournisseur en produits d'élevage et en bétail, qu'elle lui vendait à des prix très inférieurs aux prix communautaires. Dès lors elle a profité de prix plus rémunérateurs et de nouveaux marchés.

La majorité de la population est maintenant dans les services (626 000 en 1988, loin devant l'industrie (208 000), l'agriculture (162 000), et la construction et les travaux publics (70 000). Si le nombre des agriculteurs et des exploitants agricoles a beaucoup diminué, la population rurale s'est plus que maintenue.

Les années d'euphorie passèrent : les investisseurs étrangers amenaient et amènent leurs propres cadres et techniciens supérieurs ; plusieurs se retirèrent. L'Irlande souffrit naturellement des deux crises pétrolières mondiales. Le chômage, l'émigration reprirent. La dette extérieure était énorme ; le déficit budgétaire l'était aussi.

V. — Vers une Irlande nouvelle ?

En mai 1921 fut élu en Irlande du Nord ce que le Premier Ministre provincial, James Craig, devait appeler « un Parlement protestant pour un peuple protestant ». Rien de semblable à la pratique britannique d'une majorité et d'une opposition officielle — conservateurs et libéraux puis travaillistes. Le Parti unioniste avait la prétention d'être celui de toutes les classes protestantes, et en fait allait régner sans partage, et les députés catholiques refusèrent de constituer une opposition officielle. La province eut douze représentants aux Communes. En fait, elle naquit dans la violence — il y eut 232 tués en 1922 — et le Parlement vota un *Special Powers Act* qui retirait toute garantie aux citoyens.

Les catholiques étaient situés principalement à l'ouest du petit fleuve de la Bann, et dans Belfast-Ouest. L'industrie, essentiellement exportatrice — constructions navales et textiles surtout — était naturellement rassemblée autour du port de Belfast. Les chantiers navals étaient un bastion protestant. Les catholiques étaient deux fois et demie plus souvent en chômage que les protestants, du fait de la persistance des situations acquises, et beaucoup étaient contraints à l'émigration, ce qui maintint longtemps leur proportion à environ 34 % malgré leur taux de natalité nettement supérieur. Pour les élections locales un suffrage censitaire favorisait les protestants : un découpage savant des circonscriptions électorales privait les catholiques de la majorité dans le conseil de plusieurs villes où ils étaient en fait majoritaires, à commencer par la deuxième ville de la province, Londonderry, et ils étaient défavorisés dans l'attribution de logements construits sur fonds publics. Dans l'administration presque tous les postes importants étaient tenus par des protestants. La police était protestante à 90 %, et était épaulée par une force supplétive exclusivement protestante, les *B Specials*. La Grande-Bretagne fermait les yeux.

Les années 30 furent une période de dépression, de chômage intense, et de violences sectaires. Pendant la guerre la situation empêcha le gouvernement britannique d'étendre la conscription à la province, qui envoya beaucoup de volontaires, mais le travail reprit naturellement. Belfast subit deux bombardements intenses. En 1942, lors de l'entrée des Etats-Unis dans la guerre, la province devint une base américaine. Après la guerre la politique travailliste de l'Etat-Providence s'y répercuta avec un peu de retard. En 1949 l'*Ireland Act* garantit que l'Irlande du Nord ne cesserait pas de faire partie du Royaume-Uni sans le consentement de son parlement. A Belfast les deux communautés, toutes deux à majorité ouvrière depuis le début, vivaient, en dehors d'une région mixte bourgeoise, dans de véritables ghettos. Les écoles étaient presque toutes confessionnelles ; les écoles publiques furent en fait des écoles protestantes, et furent seules prises entièrement en charge.

En 1965 on put se demander, avec la venue au pouvoir du capitaine Terence O'Neill, si une nouvelle politique plus libérale allait commencer. O'Neill reçut Sean Lemass, et lui rendit sa visite. Mais des deux côtés des réactions hostiles se manifestèrent. Le pasteur Ian Paisley, fondateur d'une « Eglise presbytérienne libre » attaqua vivement O'Neill.

Une association pour les droits civiques d'abord interconfessionnelle fut noyautée par des républicains.

En fait, le premier assassinat ouvrant la longue période de « troubles » qui dure encore fut un assassinat commis par un protestant en 1966, et, depuis lors, si l'on a surtout parlé de l'*I.R.A.*, connue internationalement, et qui allait commettre le plus grand nombre d'actions violentes, y compris contre des catholiques indociles ou récalcitrants, plusieurs groupuscules paramilitaires protestants allaient bientôt entrer en action, l'organisation la plus importante étant l'U.D.A. ou « Ulster Defence Association », qui correspondit de ce côté à la fois à l'*I.R.A.* et à sa branche politique le *Sinn Fein*, qui n'a jamais été interdit. L'U.D.A. n'a jamais été interdite non plus malgré son double visage.

Agitation pour les droits civiques, intimidation et guets-apens orangistes de Burntollet aboutirent à la sanglante bataille de Londonderry d'août 1969 qu'arrêta l'envoi précipité de troupes britanniques. La Déclaration de Downing Street du 20 août annonça des réformes, en particulier réforme de la police, suppression des *B Specials* et leur remplacement par un « Régiment de Défense de l'Ulster », des réservistes surtout postés près de la frontière. Cela ne suffit pas. Les violences se multiplièrent. En décembre, lors du Congrès de l'*I.R.A.*, celle-ci fut accusée par les catholiques de ne pas s'être armée pour les défendre. Des sécessionnistes constituèrent un conseil de l' « *I.R.A.* provisoire », et leur action se répercuta au sein du parti *Sinn Fein*. L'*I.R.A.* provisoire fut bientôt alimentée en argent par des attaques de banques, des rackets systématiques, et fut aidée par des organisations de descendants américains d'émigrants irlandais, en particulier la *Noraid*. Elle se mit en liaison avec des terroristes lybiens et syriens qui instruisirent ses militants, avec l'E.T.A. et le F.L.N.C. De l'I.R.A. provisoire devait faire sécession l'I.N.L.A., plus révolutionnaire, qui s'est manifestée par des attentats spectaculaires. Quant à l'I.R.A. originelle, devenue l' « *I.R.A.* officielle », au bout d'un certain temps elle abandonna l'action violente pour se consacrer à l'action politique et sociale.

La montée de la violence amena le nouveau Premier Ministre provincial, Brian Faulkner, à solliciter de Londres l'établissement de l'internement administratif. Il l'obtint, mais son application soudaine et massive le 9 août 1971 où plus de 300 personnes furent arrêtées, souvent sur de simples présomptions, ne fit qu'aggraver la situation. La fin de 1971 et l'année 1972 devaient être le moment des pires violences (près de 500 tués en 1972). Le 24 mars 1972 Londres se décida à proroger le Parlement provincial de Stormont et à prendre directement en charge l'administration des Six Comtés, et nomma William Whitelaw secrétaire d'Etat à cet effet.

Après un an de tâtonnements et de rencontres les événements se précipitèrent : le 8 mars 1973, dans un référendum, plus de 57 % des électeurs inscrits confirmèrent leur volonté du maintien des Six Comtés au sein du Royaume-Uni ; un Livre blanc, publié le 20 mars, déclara que le pouvoir ne pouvait être le monopole de l'une des communautés, et reconnut la « dimension irlandaise » du problème ; une nouvelle assemblée provinciale fut élue ; un « exécutif » fut constitué, composé de représentants unionistes et de représentants de deux nouveaux partis modérés, le S.D.L.P., catholique, et l' « Alliance », interconfessionnelle. On eut alors l'illusion que le problème de l'Irlande du Nord allait être résolu. C'était compter sans la résolution des extrémistes des deux bords. L'accord de Sunningdale de décembre 1973, entre Britanniques, Irlandais du Nord et Irlandais de la République, instituant un Conseil de l'Irlande, fut immédiatement l'objet de vives attaques. Une grève, brusquement déclenchée en mai 1974 par un « Conseil des travailleurs de l'Ulster » sans rapport avec les syndicats réguliers et imposée par intimidation face à un gouvernement indécis, s'amplifia peu à peu, et finit par faire tomber l'exécutif. L'administration directe reprit. Plusieurs tentatives pour faire parvenir les partis à un accord sur un statut constitutionnel n'aboutirent à rien.

La République est entrée dans le S.M.E. ; avec l'aide de la C.E.E. elle a défini et mis en route une restructuration plus équilibrée de son économie et de son industrie.

Au début des années 80 la situation a été très mauvaise dans les deux Irlandes. Au Sud, inflation de plus de 20 %, chômage de plus de 10 %, déficit extérieur de 14 % du P.N.B., déficit budgétaire de 15 % du même P.N.B. Les gouvernements successifs se sont attaqués à ces déséquilibres, mais le déficit budgétaire et le chômage augmentaient encore. En 1987 un nouveau gouvernement Fianna Fail dirigé par Charles Haughey a défini et appliqué une politique de rigueur et de modération des salaires qui a été acceptée et qui a porté ses fruits : la production croît ; le rôle des nouvelles industries à capitaux étrangers a augmenté ; les industries nationales, surtout agro-alimentaires, se sont renforcées ; une forte reprise de l'émigration a limité le chômage, qui reste considérable, en partie à cause du grand nombre de jeunes formés chaque année.

Dans le Nord le chômage dépasse aussi 10 %, bien que le

taux de natalité ait toujours été inférieur, surtout parmi les protestants. Les violences y contribuent naturellement par leur effet dissuasif à l'égard des investisseurs potentiels. Les grandes industries exportatrices — construction navale, textiles — ont presque sombré, et n'ont guère été remplacées. La construction a été très active, et l'habitat a été nettement amélioré, mais cela est dû à l'aide massive de la Grande-Bretagne.

Du fait de la persistance des situations acquises, les catholiques ont toujours deux fois et demie plus de chances d'être au chômage que les protestants. Reste que la République est maintenant plus industrialisée que les Six Comtés, où il ne pourra guère y avoir de reprise économique tant que durera le blocage constitutionnel. La population de la République aspire à une Irlande réunifiée, mais les Six Comtés sont pour elle un repoussoir tant qu'ils ont la forme d'une forteresse à défendre ou à enlever. En fait la part des exportations du Sud vers la C.E.E. à l'exclusion de la Grande-Bretagne est en augmentation continue.

Dans le Nord les violences n'ont jamais cessé : on en est à près de 2 800 tués et 30 000 blessés. La suppression du statut spécial accordé pendant une trêve aux prisonniers dits « terroristes » provoqua en 1980 une succession de grèves, finalement une grève de la faim, qui laissa Mrs Thatcher intraitable, et qui ne fut levée qu'après la mort du dixième gréviste. L'*I.R.A.*, renforcée par cette tragédie, changea de tactique : en principe elle ne s'attaque plus aux civils ordinaires, mais seulement à l'armée, à la police, et à leurs fournisseurs. Naturellement les martyrs de la faim renforcèrent aussi momentanément le parti *Sinn Fein* aux dépens du *S.D.L.P.*

Le maintien de l'ordre est maintenant surtout confié à une police mieux encadrée, mais les catholiques se plaignent surtout du « Régiment de défense de l'Ulster » et des diverses « forces spéciales ». Pendant longtemps la pratique de la police elle-même a été sujette à caution ; celle de la justice aussi. D'après des statistiques officielles, sur 220 civils tués par la police ou l'armée d'avril 1976 à juin 1980, 107 poursuivaient des activités légitimes (1). Le système des tribunaux Diplock, constitués d'un seul juge, sans jury, du fait de l'intimidation, ne permet pas l'exercice correct de la justice. Les protestations, la publication d'un livre de l'ancien chef adjoint de la police de Manchester John Stalker, ont fini par

(1) Cité par A. Guillaume dans « Terrorisme et crise de l'état de droit en Irlande du Nord », in *Etudes irlandaises*, n° 2, 1989.

avoir de l'effet : en 1989 quatre personnes condamnées pour des attentats commis en Angleterre ont été reconnues innocentes et libérées après quatorze ans de prison. D'autres affaires vont être rejugées. Des réformes précises sont nécessaires.

Sur l'initiative du leader du S.D.L.P., John Hume, le Premier Ministre Garret FitzGerald organisa en 1983 un « Forum pour une Irlande nouvelle », ouvert à tous les partis des deux Irlandes sauf le *Sinn Fein*. Les partis unionistes refusèrent naturellement d'y participer, mais des voix unionistes s'y firent entendre à titre privé. Ses débats, nourris par des études préparatoires sérieuses, aboutirent en novembre 1985 à l'accord de Hillsborough, par lequel Dublin ajouta sa garantie à la garantie constitutionnelle donnée par Londres aux unionistes, mais obtint la reconnaissance officielle qu'il existe dans le Nord une minorité distincte qui se dit d'abord irlandaise, et la création d'une « conférence » anglo-irlandaise au rôle consultatif se réunissant périodiquement et dotée d'un secrétariat permanent. Cet accord fut immédiatement condamné par les partis unionistes, mais n'en fut pas moins mis en application.

Les députés unionistes démissionnèrent dans l'espoir de montrer par leur réélection l'unanimité de l'opposition protestante. En fait ils n'obtinrent pas le nombre de voix espéré et perdirent un siège au profit du S.D.L.P. qui, lui, regagna des voix aux dépens du *Sinn Fein*.

Bref il y a du changement, des signes d'ouverture dans les deux Irlandes. Des deux côtés on s'intéresse à l'Europe. La littérature irlandaise, des deux côtés, est foisonnante ; Yeats, Joyce, Beckett ont des successeurs qui ne sont pas des disciples, mais qui sont à la fois très enracinés et très sensibles à la nécessité d'un arrachement. Citons, entre autres, John Montague, Seamus Heaney, Derek Mahon, Brian Friel, Desmond Egan. Ils parcourent le monde, comme des peintres et des musiciens irlandais. Il existe des colonies irlandaises dans les grandes villes d'Europe, comptant chercheurs, techniciens et hommes d'affaires aussi bien qu'artistes. A Paris des restaurants irlandais se sont ouverts. En 1989 un Centre culturel irlandais a été inauguré dans le Collège des Irlandais de la rue des Irlandais, deuxième collège irlandais de Paris, ouvert là en 1760 pour la formation des prêtres irlandais.

Dans les Six Comtés plusieurs conseillers municipaux et même quelques députés unionistes prennent des positions indépendantes, créent des centres de formation et de loisirs non confessionnels pour les jeunes chômeurs, organisent des rencontres et voyages culturels ouverts à tous. La Field Day Theatre Company de Londonderry, les chercheurs du « Centre for the Study of Conflict » de la « University of Ulster » se font connaître par leurs colloques et publications, sans compter les créations de nouvelles pièces de la première. Le mensuel *Fortnight* est ouvert sur l'actualité irlandaise, qu'il replace dans le monde. Grâce à des dons, des associations de parents d'élèves ont créé des établissements « intégrés » où protestants et catholiques sont à égalité dans la direction, le personnel, et parmi les élèves. Ecoles « bourgeoises », se dit-on d'abord, puisque pratiquement la totalité des écoles antérieures étaient protestantes de fait, ou catholiques, que la plus grande partie de Belfast se compose de ghettos protestants ou catholiques, et que jusqu'à ces derniers temps la polarisation s'accentuait. Mais en fait ces écoles « intégrées », maintenant reconnues et prises en charge, vont chercher leurs élèves jusque dans des quartiers populaires, et c'est leur Conseil et non les Eglises qui nomment leurs enseignants de religion. Leur succès est tel que l'administration invite maintenant des écoles existantes à faire voter aux parents la demande de leur transformation en « écoles intégrées contrôlées ». La majorité des parents a voté dans ce sens il y a quelques mois dans un collège secondaire.

Dans la République le renoncement de Garret FitzGerald, Premier Ministre d'un gouvernement de coalition *Fine Gael* et travaillistes, à son intention de modifier la Constitution afin de la rendre plus acceptable par les protestants du Nord, l'introduction dans cette même Constitution, après deux référendums, de l'interdiction de l'avortement (1983), puis du divorce (1986) avaient pu paraître décourageants. Mais beaucoup de gens s'étaient abstenus lors de ces référendums, et la majorité opposée au divorce avait été faible. En 1985 a été votée une loi autorisant la vente des contraceptifs à certaines conditions. Autre fait significatif l'opinion a imposé l'arrêt de la destruction des quartiers géorgiens du nord de la Liffey après l'action dévastatrice de promoteurs au cœur même du Dublin géorgien. Il ne s'agit pas d'un sauvetage ordinaire ; pendant longtemps beaucoup d'Irlandais avaient considéré Dublin comme britannique, donc étranger.

En novembre 1990 l'élection à la présidence de Mary Robinson a fait sensation. Connue depuis longtemps pour ses opinions libérales, mariée à un protestant, candidate libre bien que présentée par le Parti travailliste, elle avait, au cours d'une campagne inhabituelle, tenu à rencontrer des groupes et associations sans attaches politiques. Elle s'était déclarée favorable à un amendement à la Constitution remplaçant l'affirmation de l'unité de l'Irlande par la mention d'une aspiration à l'unité. Bien que le président n'ait pas de pouvoir, l'élection de Mary Robinson a ébranlé le *Fianna Fail* et le *Fine Gael*, et introduit un esprit communautaire nouveau.

Il n'est pas interdit de penser que cette élection est un des facteurs qui ont permis au nouveau secrétaire d'Etat de l'Irlande du Nord, Peter Brooke, d'obtenir, après de longs et patients travaux d'approche, des partis de la province à l'exclusion du *Sinn Fein* qu'ils acceptent une suite de rencontres préparatoires sous sa direction afin de définir les conditions de véritables négociations.

En juin 1991, après de très longues tractations, Peter Brooke a réuni au Stormont les chefs de ces partis. Trois phases de négociations devaient avoir lieu : au Stormont sous sa présidence, puis à Dublin et enfin à Londres, sous la présidence d'un ancien gouverneur de l'Australie. Les chefs unionistes ont de nouveau fait preuve de leur immobilisme habituel, et les violences sont pires qu'elles n'avaient été depuis des années. Le 3 juillet, Peter Brooke a déclaré aux Communes qu'il était obligé de mettre un terme à ces entretiens. Il a ajouté : « Les fondations sont là pour progresser demain. » Formule creuse ? Au même moment les Eglises faisaient un pas en publiant un projet commun pour l'enseignement religieux : une première.

D'autre part ne peut pas ne pas avoir de contrecoup sur des forteresses tyranniques et étouffantes, comme, en Irlande du Nord, les partis unionistes et le *Sinn Fein*, la chute du Parti communiste soviétique, ni, sur l'*I.R.A.*, les défaites subies par plusieurs de ses ses fournisseurs et instructeurs, l'Iran, Saddam Hussein, Kadhafi et Arafat. Que le gouvernement britannique commence par contrôler enfin rigoureusement les méthodes de ses forces de sécurité.

BIBLIOGRAPHIE

I. — En français

A) *Ouvrages généraux*

J. Beaujeu-Garnier et A. Guilcher, *L'Europe du Nord et du Nord-Ouest*, III : *Les Iles Britanniques*, Paris, puf, 1963.
A. Rivoallan, *L'Irlande*, Paris, Colin, 1934.
P. Flatrès, *Géographie rurale de quatre contrées celtiques*, Rennes, Librairie universitaire, J. Plihon, 1957.
P. Joannon, *Histoire de l'Irlande*, Paris, Plon, 1973.
Irlande, Paris, ocde, 1989.

B) *Sujets particuliers*

F. Henry, *Art irlandais*, 3 vol., Paris, Zodiaque, 1963-1964.
G. Woodham-Smyth. *La Grande Famine d'Irlande*, Paris, Plon, 1965.
B. Devlin, *Mon âme n'est pas à vendre*, Paris, Le Seuil, 1969.
R. Cresswell, *Une communauté rurale de l'Irlande*, Paris, Institut d'Ethnologie, 1969.
M. Goldring, *Le drame de l'Irlande*, Paris, Bordas, 1972.
R. Faligot, *La résistance irlandaise*, Paris, Maspero, 1977.
Amnesty International, *Rapport de la mission en Irlande du Nord*, Paris, 1978.
L'Irlande, numéro spécial de *Critique*, juin 1982, Editions de Minuit.
Etudes irlandaises, revue des Universités de Lille III, Caen, Rennes, Paris III.
Roland Marx, *Mort d'un amiral*, Calmann-Lévy, 1985.
M. Sailhan (dir.), *L'Irlande*, Revue *Autrement*, Paris, 1987.
André Guillaume, *L'Irlande : une ou deux nations*, puf, 1987.
P. Joannon, *Le rêve irlandais*, La Gacilly, Ed. Artus, 1988.
Jean Guiffan, *La Question d'Irlande*, Bruxelles, Ed. Complexes, 1989.
Album dirigé par Pierre Jaonnon, *L'Irlande*, Artus, 1989.
L'Irlande du Nord, responsable Paul Brennan, Paris, Crecib, 1989.

II. — En anglais

A) *Ouvrages généraux*

E. Curtis, *A History of Ireland*, Methuen.
T. W. Freeman, *Ireland : A General and Regional Geography*, Londres, Methuen.
S. O'Faolain, *The Irish*, Penguin Books, revised ed., 1969.
The Gill History of Ireland, London, Gill & Macmillan, 1972 et suiv.
E. Estyn Evans, *The Personality of Ireland*, Cambridge University Press, 1973.
T. W. Moody, F. X. Martin and F. J. Byrne (eds), *A New History of Ireland*, London, oup, 1976 et suiv.
Atlas of Ireland, Dublin, The Royal Irish Academy, 1979.

B) *Sujets particuliers*

J. C. Beckett, *The Making of Modern Ireland*, London, Faber, 1966.
D. Fennell, *The Changing Face of Catholic Ireland*, London, Chapman, 1968.
J. Meenan, *The Irish Economy since 1922*, Liverpool University Press, 1970 et suiv.
R. Rose, *Governing without Consensus*, London, Faber, 1971.
C. D. Greaves, *The Irish Crisis*, London, Lawrence and Wishart, 1972.
R. Kee, *The Green Flag : A History of Irish Nationalism*, London, Weidenfeld & Nicolson, 1972.
H. Brody, *Inishkillane, Change and Decline in the West of Ireland*, London, 1973.
F. S. L. Lyons, *Ireland since the Famine*, Glasgow, Collins-Fontana. rev. ed., 1973.
R. Deutsch and V. Magowan, *Northern Ireland*, 1968-1974. *A Chronology of Events*, Belfast, Blackstaff Press, 1973-1975.
J. Darby, *Conflict in Northern Ireland*, London, Gill & Macmillan, 1976.
John Murphy, *Ireland in the XXth century*, Gill & Macmillan, 1975.
G. J. Watson, *Irish Identity and the Literary Revival*, London, Croom Helm, 1978.
P. Buckland, *The Factory of Grievances : Devolved Government in Northern Ireland*, Gill & Macmillan, 1979.
J. H. Whyte, *Church and State in Modern Ireland*, Gill & Macmillan, 2nd ed., 1980.
T. Brown, *Ireland, A Social and Cultural History*, Fontana, 1981.
F. S. Lyons, *Culture and Anarchy in Ireland : 1890-1939*, Oxford, Clarendon Press, 2nd ed., 1982.
P. O'Malley, *The Uncivil Wars : Ireland Today*, Belfast, Blackstaff Press, 1983.
The New Ireland Forum Report, Dublin, Stationery Office, 1984.
R. Kearney (ed.), *The Irish Mind*, Dublin, Wolfhound Press, 1985.
M. P. Hederman and R. Kearney (eds), *The Crane Bag*, Dublin, 1977-1986.
P. Clancy, Sh. Drudy, K. Lynds, L. O'Dowd (eds), *Ireland : a Sociological Profile*, Dublin, Institute of Public Administration, 1986.
Paul Arthur and Keith Jeffery, *Northern Ireland since 1968*, London, Institute of Contemporary British History, 1988.
Bob Rowthorn and Naomi Wayne, *Northern Ireland, the political economy of conflict*, Cambridge, Polity Press, 1988.
Ireland, contemporary perspectives on a land and its people, edited by R. W. Carter and A. J. Parker, London, Routledge, 1989.
Gerard Hogan and Clive Walker, *Political Violence and the Law in Ireland*, Manchester UP, 1989.
Maurice Goldring, *Belfast : from loyalty to rebellion*, London, Lawrence & Wishart, 1991.
J. McGarry and B. O'Leary, eds, *The Future of Northern Ireland*, Clarendon Press, 1991.

TABLE DES MATIÈRES

Imprimé en France
Imprimerie des Presses Universitaires de France
73, avenue Ronsard, 41100 Vendôme
Février 1995 — N° 41 193